30x
Musik
für zwischendurch
Auch in Corona-Zeiten!

Redaktion: Katrin Bock
Layout und Coverfoto: Nicole Laka
Notensatz und Lektorat: Henrike Moormann
Korrektorat: Petra Zwerenz

www.lugert-verlag.de
ISBN: 978-3-89760-487-2
Art.-Nr.: 487
Tel. 0800 22 44 211 (kostenlose Hotline)

Elke Gulden &
Bettina Scheer

30x Musik für zwischendurch

Auch in Corona-Zeiten!

Rhythmusspiele, Sprechverse und Bewegungslieder für Klasse 1 & 2

Inhalt

Rhythmusspiele funktionieren alle kontaktfrei am Platz mit dem eigenen Körper oder den eigenen Alltagsgegenständen der Schülerinnen und Schüler: Stifte, Federmäppchen und Co.

Sprechverse

Sprechverse funktionieren am besten in Gruppen, die sich weit im Raum oder auch draußen verteilen, aber trotzdem Blickkontakt haben. Sie motivieren und aktivieren Gruppen und schaffen ein gutes Zusammengehörigkeitsgefühl. Das kann völlig kontaktlos helfen, bei aller Distanz im Schulalltag die Nähe innerhalb der Lerngruppen nicht zu verlieren.

Bewegungslieder sind auch mit großen Gruppen verteilt im Raum gut unter Hygienebestimmungen umsetzbar. Die einfachen Liedzeilen werden durch die Gesten unterstützt, damit auch Gruppen „auf Abstand" nicht den musikalischen Kontakt zueinander verlieren.

Bewegungslieder

Liebe Kolleginnen und Kollegen,

es sind schwierige Zeiten für den Musikunterricht, in denen dieses Buch erscheint! Die Corona-Pandemie hat großen Einfluss auf den Schulalltag: Instrumente zu teilen ist wegen der Hygienevorschriften mit Vorsicht zu genießen, in einigen Schulen sind die Fachräume sogar ganz geschlossen. Singen ist teilweise verboten und generell liegt der Fokus von Schulen doch gerade mehr denn je auf den sogenannten „Kernfächern". Ist denn da im Moment gar kein Platz mehr für Musik?

Allen schwierigen Bedingungen zum Trotz versuchen wir mit diesem Buch einen Teil dazu beizutragen, Musik ganz selbstverständlich mit kleinen Sprechversen, Rhythmusspielen und Bewegungsliedern immer wieder zwischendurch in den Unterricht zu holen. Das muss noch nicht mal in der Musikstunde sein – Musik kann überall erklingen und hilft uns gerade auch in komplizierten Zeiten!

Junge Schulkinder können sich ohnehin noch nicht einen ganzen Vormittag lang konzentrieren. Daher sollten sich Phasen der Konzentration mit Phasen des Spiels abwechseln. Diese können mit Blick auf den Bildungsplan ebenfalls einen Mehrwert bieten. Sie sollten genutzt werden, um die Kinder in ihrer Entwicklung voranzubringen, denn Kinder können bei gezielter Auswahl des Spiels gleichzeitig entspannen und lernen.

Dieses Buch enthält 30 Sprechverse, Rhythmusspiele und Bewegungslieder für zwischendurch, die sich ohne große Vorbereitung für die Lehrkraft schnell einführen lassen. Und sind die kleinen Verse bei den Kindern erst einmal bekannt, können diese immer wieder rasch eingesetzt werden und den Unterricht für zwei bis drei Minuten auflockern. Dabei ist in der Regel keine Erklärung mehr notwendig. Auch ein „Wir wollen jetzt den Vers ‚Der Schulwichtelzwerg' sprechen" oder „Räumt alle eure Tische frei" entfällt. Sie können einfach aus heiterem Himmel mit der ersten Zeile eines Verses beginnen und die Kinder werden einsteigen. Einige der Spiele (bspw. „Es klopft") eignen sich auch für den Zeitpunkt, wenn Schülerinnen und Schüler während einer Stillarbeit unruhig werden. Statt die Kinder zu ermahnen, sprechen und klopfen Sie einfach in der bereits eingeführten Weise. Die Kinder werden einstimmen und danach in der Regel leiser weiterarbeiten.

Viele der Spiele haben einen rhythmischen Schwerpunkt. Warum? Rhythmische Förderung ist immer auch Sprachförderung. Dabei finden sich immer wieder begleitende Überkreuzbewegungen, die zusätzlich die Konzentration aktivieren, sowie Überkopfbewegungen, die das Herz-Kreislauf-System ansprechen und damit wahre Energiebooster sind. Darüber hinaus gibt es auch Spiele, die den Wortschatz der Kinder erweitern, und Spiele, die das assoziative Denken ansprechen.

Alle Spiele können problemlos ohne Schriftsprache eingeführt werden. Wenn die Kinder jedoch bereits lesen können, so bietet es sich bei manchen Spielen an, Wörter oder Textzeilen an die Tafel zu schreiben.

Alle Umsetzungsideen sind Vorschläge, die Sie natürlich nach Ihren eigenen Vorstellungen variieren können. Insbesondere, wenn Klanggesten für Ihre örtlichen Gegebenheiten zu laut sein sollten, können Sie diese durch geräuschärmere Varianten austauschen: Statt in die Hände zu klatschen, können auch nur die Zeigefingerkuppen aneinandergetippt werden, statt die flachen Hände auf die Tischplatte zu patschen, können auch hier nur die Fingerspitzen tippen.

Neben all diesen Gründen, warum die kleinen Spiele für zwischendurch sinnvoll sind, gibt es auch noch einen weiteren Aspekt, der nicht unterschätzt werden sollte: Wann immer eine Gruppe gemeinsam rhythmisch und musikalisch aktiv ist, entsteht ein ungemein starkes Gruppengefühl, was sich auf die Verbundenheit der Klasse auswirkt. Das ‚Wir' im Klassenzusammenhalt rückt emotional in den Vordergrund und dies wiederum hat eine positive Auswirkung auf die Klassengemeinschaft und die Einstellung zum Lernen.

In diesem Sinn wünschen wir Ihnen viele schöne musikalische Momente. Ob zwischendurch oder unter besonderen Bedingungen – Musik tut uns allen gut!

Herzlichst, Ihre

Kleiner Aufräumrap

Ein motivierendes Ritual

Eins, zwei, drei: Tische frei!

Ist nicht schwer – Platz muss her.

Stifte weg, Mäppchen weg,

Hefte weg, alles weg.

Stifte weg, Mäppchen weg,

Hefte weg, alles weg.

Es ist vollbracht. Hört, wie's kracht!

Trommelwirbel mit den Händen

Rhythmus

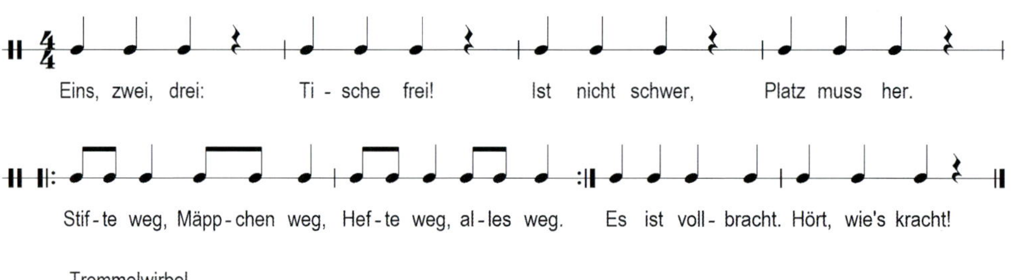

Klanggesten

Alle Kinder rutschen mit ihrem Stuhl ein wenig nach hinten, sodass sie mit den Händen auf ihre Oberschenkel, aber gleichzeitig auch noch auf den Tisch patschen können.

Eins,	beide Hände gekreuzt an die Schultern patschen (linke Hand an rechte Schulter, rechte Hand an linke Schulter)
zwei,	beide Hände parallel an die Schultern patschen (linke Hand an linke Schulter, rechte Hand an rechte Schulter)
drei:	mit Daumen und Mittelfinger beider Hände auf Schulterhöhe in die Luft schnipsen
Tische frei!	drei Mal mit den Händen auf die Oberschenkel patschen
Ist nicht schwer – Platz muss her.	Wiederholung der Bewegung
Stif-	linke Hand patscht auf den linken Oberschenkel
te	rechte Hand patscht auf den rechten Oberschenkel
weg	linke Hand patscht auf den linken Oberschenkel
-,	warten
Mäpp-	rechte Hand patscht auf den rechten Oberschenkel
chen	linke Hand patscht auf den linken Oberschenkel
weg	rechte Hand patscht auf den rechten Oberschenkel
-,	warten
Hefte weg, alles weg.	Wiederholung der Bewegung
Stifte weg, Mäppchen weg,	Hände gekreuzt auf den Tisch patschen
Hefte weg, alles weg.	Hände parallel auf den Tisch patschen
Es	Hände gekreuzt auf den Tisch patschen
ist	Hände parallel auf den Tisch patschen
voll-	Hände gekreuzt auf den Tisch patschen
bracht.	Hände parallel auf den Tisch patschen
Hört,	Hände gekreuzt auf den Tisch patschen
wie's	Hände parallel auf den Tisch patschen
kracht!	in die Hände klatschen
Trommelwirbel mit den Händen	mit den Fingerspitzen sehr schnell auf die Tischkante trommeln

Einführung

Führen Sie die Klanggesten bereits beim Sprechen aus und lassen Sie die Kinder Ihre Worte und Gesten folgendermaßen wiederholen (der Part der Kinder ist jeweils farbig gesetzt):

Eins, zwei, drei:
Eins, zwei, drei:
Eins, zwei, drei:
Eins, zwei, drei:
Tische frei!
Tische frei!
Eins, zwei, drei: Tische frei!
Eins, zwei, drei: Tische frei!
Ist nicht schwer – Platz muss her.
Ist nicht schwer – Platz muss her.
Eins, zwei, drei: Tische frei! Ist nicht schwer – Platz muss her.
Eins, zwei, drei: Tische frei! Ist nicht schwer – Platz muss her.

Stifte weg, Mäppchen weg, Hefte weg, alles weg.
Stifte weg, Mäppchen weg, Hefte weg, alles weg.
Es ist vollbracht. Hört, wie's kracht!
Es ist vollbracht. Hört, wie's kracht!
Es ist vollbracht. Hört, wie's kracht!
Es ist vollbracht. Hört, wie's kracht!
Stifte weg, Mäppchen weg, Hefte weg, alles weg.
Stifte weg, Mäppchen weg, Hefte weg, alles weg.
Es ist vollbracht. Hört, wie's kracht!
Es ist vollbracht. Hört, wie's kracht!
(Trommelwirbel mit den Händen)

Wiederholen Sie den Aufräumrap nun im Ganzen.

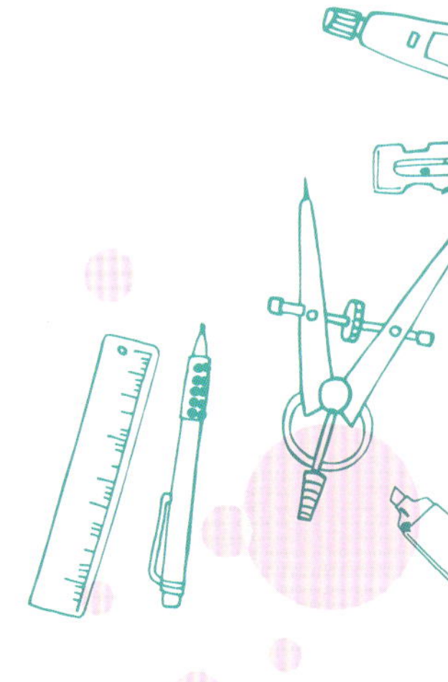

Ziel

Ziel ist es, dass die Kinder die ersten Zeilenverse in Zukunft sofort als Aufräumrap erkennen. Statt einer Aufforderung zum Tischefreimachen, starten Sie einfach mit den ersten beiden Zeilen. Sprechen Sie diese einige Male, bis alle Kinder die Klanggesten dazu ausführen. Während der nächsten beiden Zeilen räumen die Kinder alles in die Schulranzen. Ist ein Kind mit der Aufgabe fertig, steigt es einfach mit der entsprechenden Klanggeste ein. Die Zeilen werden so oft wiederholt, bis alle Tische freigeräumt sind. Nun starten alle in die letzten beiden Zeilen und enden gemeinsam mit dem Trommelwirbel.

Stern-Rhythmical

Ein Sprachrhythmus mit zusammengesetzten Nomen

Südstern, Nordstern, Abendstern.

Glücksstern, Leuchtstern, Morgenstern.

Goldstern, Seestern, Zauberstern.

Zimtstern, Christstern, Weihnachtsstern.

Der Sprachrhythmus und die Klanggesten bleiben in diesem Vers durchgehend gleich.

Rhythmus

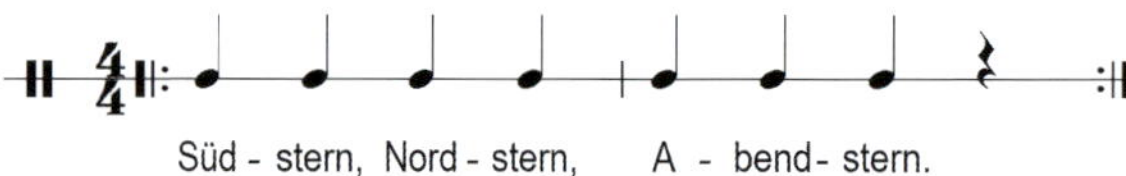

Klanggesten

Süd-	mit beiden Handflächen auf den Tisch patschen
stern,	beide Hände patschen gekreuzt gleichzeitig an die Schultern, d.h. die linke Hand patscht an die rechte Schulter, die rechte Hand an die linke
Nordstern,	Wiederholung der beiden Klanggesten
A-	linke Handfläche patscht auf den Tisch
bend-	rechte Handfläche patscht auf den Tisch
stern.	siehe Bewegung bei „-stern"

Einführung

Führen Sie die Klanggesten bereits beim Sprechen aus und lassen Sie die Kinder Ihre Worte und Gesten wie folgt wiederholen (der Part der Kinder ist jeweils rot gesetzt):

Südstern. Südstern.
Südstern. Südstern.
Nordstern. Nordstern.
Nordstern. Nordstern.
Abendstern. Abendstern.
Abendstern. Abendstern.
Südstern, Nordstern, Abendstern. Südstern, Nordstern, Abendstern.

Glücksstern, Leuchtstern, Morgenstern. Glücksstern, Leuchtstern, Morgenstern.
Goldstern, Seestern, Zauberstern. Goldstern, Seestern, Zauberstern.
Zimtstern, Christstern, Weihnachtsstern. Zimtstern, Christstern, Weihnachtsstern.

Alternativen

Rathaus, Backhaus, Bauernhaus.
Schulhaus, Gutshaus, Autohaus.
Kühlhaus, Parkhaus, Gästehaus.
Glashaus, Teehaus, Hexenhaus.

Fußball, Handball, Basketball.
Eckball, Kopfball, Wasserball.
Satzball, Schneeball, Opernball.
Brennball, Spielball, Maskenball.

Tierarzt, Landarzt, Augenarzt.
Schiffsarzt, Flugarzt, Mannschaftsarzt.
Hausarzt, Hautarzt, Kinderarzt.
Facharzt, Chefarzt, Ohrenarzt.

Finden Sie gemeinsam mit den Kindern weitere zusammengesetzte Wörter.

Muntermach-bewegungsrap

Ein kleines Bewegungsspiel

Wir sitzen hier und stehen auf.

Wir strecken die Arme weit hinauf.

Wir schütteln, schütteln, schütteln,

wir stampfen, stampfen, stampfen.

Jetzt sind wir wieder super drauf.

Rhythmus

Klanggesten

Alle Kinder sitzen auf ihrem Stuhl und schieben diesen ein wenig nach hinten, sodass sie gut aufstehen können.

Wir sitzen hier und stehen auf.	aufstehen
Wir strecken die Arme weit hinauf.	die Arme lang nach oben über den Kopf strecken, dabei auf die Zehenspitzen gehen
Wir schütteln, schütteln, schütteln, wir	die Arme herunternehmen, dabei die Hände auf die Schläge 1, 2, 3 und 4 kräftig nach vorne schütteln
stampfen, stampfen, stampfen.	viermal im Wechsel mit den Füßen stampfen
Jetzt sind	linken Arm lang nach oben über den Kopf strecken
wir wieder	rechten Arm lang nach oben über den Kopf strecken
super drauf.	Arme nach unten nehmen und sich wieder hinsetzen

Einführung

Führen Sie die Bewegungen bereits zum Sprechen aus und lassen Sie die Kinder Ihre Bewegungen sofort mitmachen. Wiederholen Sie den gesamten Vers ein zweites Mal. Beim dritten Mal sprechen Sie nur noch einzelne Abschnitte und blicken die Kinder fragend an, als hätten Sie vergessen, wie es weitergeht. Die Kinder werden die Passagen automatisch ergänzen. Der Part der Kinder ist lila gesetzt:

Wir sitzen hier und stehen auf,
wir strecken die Arme weit hinauf.
Wir schütteln, schütteln, schütteln,
stampfen, stampfen, stampfen.
Jetzt sind wir wieder super drauf.

Alternativen

Finden Sie gemeinsam mit den Kindern Synonyme oder andere sprachliche Alternativen für die Verben im Vers. Ideen hierfür wären beispielsweise folgende Synonyme:

Wir lümmeln hier und stehen auf,
wir strecken die Arme weit hinauf.
Wir zappeln, zappeln, zappeln,
stampfen, stampfen, stampfen.
Jetzt sind wir wieder super drauf.

Wir fläzen hier und stehen auf ...
wir strecken die Arme weit hinauf.
Wir rütteln, rütteln, rütteln ...
stiefeln, stiefeln, stiefeln.
Jetzt sind wir wieder super drauf.

Wir chillen hier und stehen auf ...
wir strecken die Arme weit hinauf.
Wir lockern, lockern, lockern ...
trampeln, trampeln, trampeln.
Jetzt sind wir wieder super drauf.

A, E, I, O, U

ein Koordinationskonzentrationsspiel

A, E, I, O, U.
Hände auf und zu.
A, E, I, O, U.
Hände auf und zu.

Rhythmus

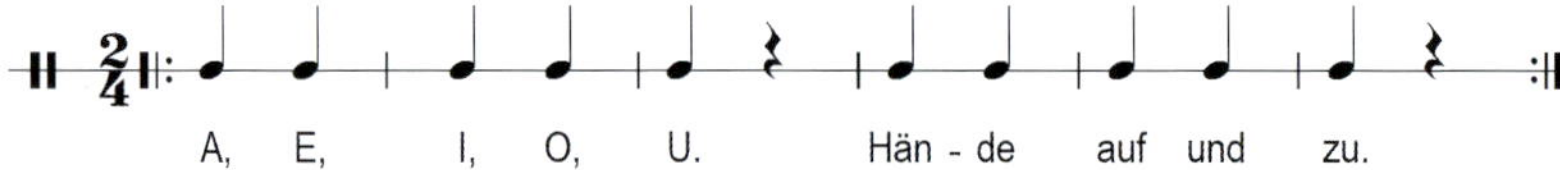

Klanggesten

Zu Beginn liegen beide Hände mit den Innenflächen dicht nebeneinander auf dem Tisch.

A,	beide Handinnenflächen patschen vor dem Körper auf den Tisch
E,	beide Handaußenflächen patschen vor dem Körper auf den Tisch
I,	beide Handinnenflächen patschen vor dem Körper auf den Tisch
O,	beide Handinnenflächen patschen auf den Tisch, allerdings befinden sich beide Hände jeweils seitlich vom Körper
U.	beide Handinnenflächen patschen wieder direkt nebeneinander vor dem Körper auf den Tisch
Hän-	beide Hände patschen über Kreuz auf den Tisch
de	beide Hände patschen wieder nebeneinander auf den Tisch
auf	beide Hände patschen jeweils seitlich vom Körper auf den Tisch
und	die Fingerknöchel klopfen auf den Tisch, dabei befinden sich die Hände ein Stück näher zusammen
zu.	die Hände patschen direkt nebeneinander auf den Tisch

A, E, I, O, U. Hände auf und zu. Wiederholung

Einführung

Führen Sie die Klanggesten bereits beim Sprechen aus und lassen Sie die Kinder Ihre Worte und Gesten wie folgt wiederholen (der Part der Kinder ist jeweils orange gesetzt):

A, E,	A, E,
A, E,	A, E,
A, E, I,	A, E, I,
A, E, I,	A, E, I,
A, E, I, O, U.	A, E, I, O, U.
A, E, I, O, U.	A, E, I, O, U.
Hände auf	Hände auf
Hände auf	Hände auf
Hände auf	Hände auf
und zu.	und zu.
Hände auf und zu.	Hände auf und zu.

Wiederholen Sie jetzt den gesamten Text und steigern Sie das Tempo. Konnten sich alle Kinder die Bewegungsfolge merken?

Ein Schul-wichtelzwerg

Eine Gleichgewichtskonzentrationsübung

Ein Schulwichtelzwerg
lebt tief in einem Berg.
Dort steht er dann auf einem Bein
bei Regen- und bei Sonnenschein.
Dann macht er seine Augen zu
und steht ganz still – kannst das auch du?

Rhythmus

Sprechen Sie den Vers erzählerisch und spielen Sie dabei mit der Stimme.

Klanggesten

Die Kinder stehen frei im Raum. Jedes Kind sollte dabei ein wenig Platz um sich herum haben.

Ein Schulwichtelzwerg	die Kinder springen in die Hocke, dabei gehen die Beine, wenn möglich, weit auseinander, die Hände dürfen sich am Boden abstützen
lebt tief in einem Berg.	warten
Dort steht er dann auf einem Bein	aufstehen, die innere Fußkante an das Knie des anderen Beines anlegen, die Arme über den Kopf heben
bei Regen	Finger zappelnd vor dem Oberkörper nach unten bewegen
und bei Sonnenschein.	Arme wieder über den Kopf heben und sie dann über die Seiten bis auf Schulterhöhe öffnen
Dann macht er seine Augen zu	Augen schließen
und steht ganz still – kannst das auch du?	Wer kann wie lange stehen, ohne umzufallen?

Einführung

Sprechen Sie den Vers zeilenweise, sodass die Kinder Ihre Bewegungen im Anschluss daran jeweils sofort umsetzen können.

Weiterführung

Der Vers lässt sich recht einfach zu einem kleinen Rhythmical ausbauen. Hierfür streichen wir die letzten beiden Zeilen, da die Gleichgewichtsaufgabe nun wegfällt. Wir sprechen den Vers nun auch nicht mehr erzählerisch, sondern rhythmisch.

Ein Schul-, ein Schul-, ein Schulwichtelzwerg
lebt tief, lebt tief, lebt tief in einem Berg.
Er steht, er steht, er steht auf einem Bein
bei Regen und bei Sonnenschein,
Sonnenschein, Sonnenschein.

Rhythmus

Einführung

Sprechen Sie den Vers zunächst mit den Kindern. Sprechen Sie jede Zeile einmal vor, dann wiederholen Sie diese gemeinsam mit den Kindern und lassen bei der nächsten Wiederholung eine Trommel im Metrum erklingen. Spielen Sie hierfür den Grundschlag der Viertelnoten.

Spielen Sie mit Ihrer Stimme und sprechen Sie sehr deutlich. Die Kinder werden sowohl Ihre Betonungen als auch Ihre Artikulation automatisch übernehmen. Artikulieren Sie besonders die Anfangslaute „Sch" in „Schulwichtelzwerg", „t" in „tief", „S" in Sonnenschein überdeutlich und versuchen Sie auch einmal ein norddeutsches „st" bei „steht". Am Schluss sollte die Wiederholung des Wortes „Sonnenschein" mit jedem Mal leiser werden.

Haben alle Kinder den Rhythmus verstanden, dann sprechen sie den Vers in zwei Gruppen.

Vorsprecher oder **Gruppe 1**	**Gruppe 2**
Ein Schul-, ein Schul-,	ein Schulwichtelzwerg
lebt tief, lebt tief,	lebt tief in einem Berg.
Er steht, er steht,	er steht auf einem Bein
bei Regen- und bei Sonnenschein,	Sonnenschein, Sonnenschein. (leiser werden)

Weiterführung

Achten Sie noch einmal darauf, dass alle Zisch- und Explosivlaute extrem gesprochen werden, und versuchen Sie das Rhythmical immer weiter darauf zu reduzieren.

Ein Sch-, ein Sch -, ein Schulwichtelzwerg	Ein Sch..., ein Schulwichtelzwerg
lebt t..., lebt t..., lebt tief in einem Berg.	lebt t..., t..., tief in einem Berg.
Er st..., er st..., er steht auf einem Bein	Er st..., st..., steht auf einem Bein
bei Regen- und bei Sonnenschein,	bei Regen- und bei So...schein,
Sonnenschein, Sonnenschein.	So...schein, So...schein.

Vielleicht versuchen Sie den Vers am Ende als Kanon mit zwei oder drei Gruppen?

1: Ein Sch-, Sch-, Schulwichtelzwerg

2: lebt t-, t-, tief in einem Berg.

3: Er st-, st-, steht auf einem Bein

bei Regen- und bei So-schein,

So-schein, So-schein.

Wir wollen uns begrüßen

Melodie nach dem traditionellen Volkslied: „Hejo, spann den Wagen an"

Hejo, ja, das sind wir.
Wir dreh'n uns einmal um
und stehen hier.
Wir stampfen mit den Füßen,
wollen uns begrüßen.

Melodie

Bewegungsbegleitung

Alle Kinder stehen. Die Füße sind geschlossen, die Hände sind in die Hüften gestützt.

He-	leicht in die Knie gehen
jo,	Beine wieder strecken
ja, das sind wir.	Arme zu den Seiten öffnen

Wir dreh'n uns einmal um und stehen hier.	sich einmal am Platz um die eigene Achse drehen, am Ende stehen, die Arme hängen lang nach unten
Wir stampfen mit den Füßen,	4x am Platz gehen (deutliche Beinbewegung), Arme am Körper anwinkeln und mitbewegen
wollen uns begrüßen.	Hände nach oben heben und winken

Einführung

Singen Sie das Lied zunächst vor. Führen Sie die Bewegungen dabei bereits aus und lassen Sie die Kinder Ihre Worte und Gesten wie folgt wiederholen. Der Part der Kinder ist jeweils türkis gesetzt.

Hejo, ja, das sind wir. Hejo, ja, das sind wir.
Hejo, ja, das sind wir. Hejo, ja, das sind wir.
Hejo, ja, das sind wir. Wir drehn uns einmal um und stehen hier.
Hejo, ja, das sind wir. Wir drehn uns einmal um und stehen hier.
Hejo, ja, das sind wir. Wir drehn uns einmal um und stehen hier.
Hejo, ja, das sind wir. Wir drehn uns einmal um und stehen hier.
Wir stampfen mit den Füßen und wollen uns begrüßen.
Wir stampfen mit den Füßen und wollen uns begrüßen.

Singen Sie nun das Lied 2- bis 3-mal hintereinander. Dann beginnen Sie den Kanon.

Lassen Sie dazu die Kinder zunächst immer nur den ersten Part singen („Hejo, ja, das sind wir."), während Sie das Lied durchsingen.

Nun singen Sie das Lied noch einmal gemeinsam mit den Kindern. Sind sie in Text und Bewegungen sicher, dann kehren Sie die Rollen um. Jetzt singen Sie die ersten beiden Zeilen, während die Kinder das Lied immer und immer wieder wiederholen.

Anschließend können Sie die Kinder in zwei und später auch in drei Gruppen einteilen und geben jeder Kindergruppe ihren Liedeinsatz (auch bei dem Wiederholungsdurchgang).

Weiterführung

Das Lied lässt sich sehr einfach auf einem Xylofon begleiten. Schlagen Sie hierfür die beiden Töne d' und g', auf den ersten und dritten Schlag eines jeden Taktes gemeinsam an.

Superwort

Ein Echospiel

Potzblitzdonnertausendhimmelswetter, noch einmal.

Rhythmus

Klanggesten

Potz-	rechter Fuß stampft auf
blitz-	linker Fuß stampft auf
donner-	beide Hände patschen auf die Oberschenkel (alternativ auf den Tisch)
tausend-	in die Hände klatschen
himmels-	rechte Hand patscht an linke Schulter
wetter,	linke Hand patscht an rechte Schulter
noch ein-	rechte Finger schnipsen in Schulterhöhe
mal.	linke Finger schnipsen in Schulterhöhe

Einführung

Führen Sie den Vers im Stehen ein. Beginnen Sie sofort mit einem Echospiel und begleiten Sie die Worte mit den entsprechenden Klanggesten. Zerlegen Sie hierfür das Superwort in kleine, sinnvolle Abschnitte, wie sie die Takte vorgeben. Am Ende weiderholen Sie das ganze Wort gemeinsam im Echospiel.

Wiederholen Sie das Wort beim nächsten Mal zunächst als Echospiel mit allen. Sie sprechen und spielen vor, die Kinder bilden Ihr Echo. Nun gehen Sie auf ein Kind zu und bleiben vor ihm oder ihr stehen. Sie sprechen/klatschen vor, das Kind bildet das Echo. Gehen Sie nun zu zweit durch den Kreis. Jeder sucht sich ein neues eigenes Echo. Das Spiel geht so lange, bis alle Kinder „abgeholt" sind.

Sind alle Kinder mit dem Spiel vertraut, kann es selbstverständlich auch im Sitzen zum Einsatz kommen. Hierfür patschen die Kinder statt auf die Oberschenkel einfach auf die Tischplatte. Sie können das Wort jederzeit einfach in den Klassenraum rufen. Die Kinder werden Ihnen antworten. Nun kann sich ein echtes Echo anschließen, wie es die Weiterführung beschreibt. Das Spiel ist ein perfekter Aufmerksamkeitshascher und kann, wenn die Klasse unruhig geworden ist, einfach und ohne Vorwarnung von Ihnen in den Raum geworfen werden. Die Kinder werden Ihnen antworten.

Weiterführung

Teilen Sie die Klasse in Gruppen ein und legen Sie fest, welchen Teil des Superwortes die Gruppe spricht und mit der dazu gehörenden Klanggeste umsetzt, bspw:

Gruppe 1: Potz, Potz, Potz, Potz …

Gruppe 2: Donnertausend

Gruppe 3: Potzblitz

Gruppe 4: noch einmal

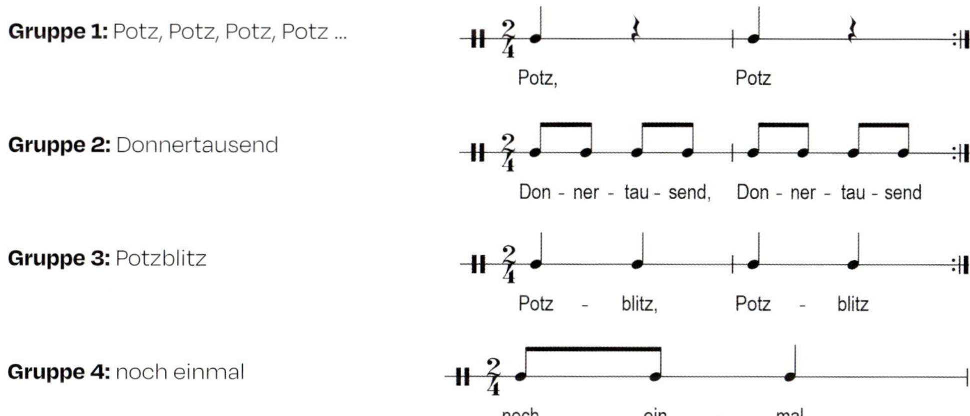

Gruppe 5: Potzblitzdonnertausendhimmelswetter, noch einmal.
Rhythmus siehe oben

Sind die Kinder rhythmisch sicher, ist eine Gruppenaufteilung nicht mehr nötig und jedes Kind kann ohne vorherige Absprache einen eigenen Wortteil übernehmen, sodass ein großes Klassenecho entsteht.

Cowboy Little Joe

Ein Sprechvers mit Klanggesten

Patschen, kreuzen, patschen, weiter öffnen.
Patschen, kreuzen, patschen, weiter öffnen.
Hey! Ho! Hippie heyhey ho!
Wir haben Spaß mit Cowboy Little Joe.
Er reitet durch das große, weite Land
auf seinem Pferdchen gold'ner Amaranth.

Rhythmus

Die Klanggestenbegleitung bleibt in diesem Vers durchgehend gleich, allerdings variiert die
Verteilung der Silben.

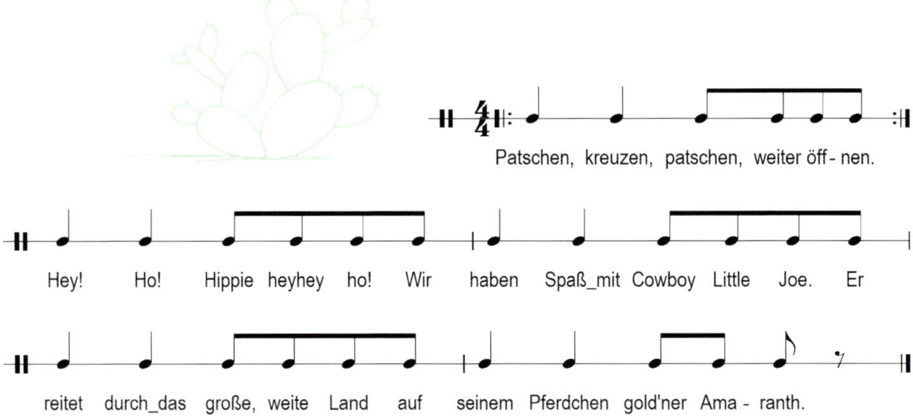

Klanggesten

Patschen,	beide Handinnenflächen patschen gleichzeitig parallel auf die Tischplatte, sie liegen dabei dicht nebeneinander
kreuzen,	beide Handinnenflächen patschen gleichzeitig gekreuzt auf die Tischplatte
patschen,	siehe oben
weiter	beide Hände patschen auf die Tischplatte, allerdings ein wenig weiter außen als zuvor
öff-	wieder patschen die Hände auf die Tischplatte und wieder patschen sie etwas mehr nach außen
nen.	Wiederholung, die Hände noch ein wenig mehr nach außen rücken
Schlag 1 der nächsten Zeile	nun patschen die Hände wieder geschlossen nebeneinander auf die Tischplatte (siehe das erste „Patschen" ganz oben)

... dann Wiederholung des gesamten Ablaufs für alle weiteren Zeilen

Einführung

Die ersten beiden Zeilen sind bereits die Einführung für die Klanggesten. Wiederholen Sie diese so oft, bis alle Kinder die Bewegungen ausführen können. Wir empfehlen Ihnen den folgenden Einstieg, bei dem Sie die Klanggesten bereits zum Sprechen ausführen. Lassen Sie die Kinder Ihre Worten und Gesten wiederholen. Der Part der Kinder ist jeweils rot gesetzt.

Patschen, kreuzen,
Patschen, kreuzen,
Patschen, kreuzen,
Patschen, kreuzen,
Patschen, kreuzen, patschen, weiter öffnen.
Patschen, kreuzen, patschen, weiter öffnen.
Patschen, kreuzen, patschen, weiter öffnen.
Patschen, kreuzen, patschen, weiter öffnen.

Sprechen Sie nun die darauffolgenden Zeilen.

Weiterführung

Wenn Sie den Schwierigkeitsgrad steigern möchten, dann lassen Sie die Kinder mit ihren Füßen im Metrum stampfen. Idealerweise sitzen Sie hierfür in einem Stuhlkreis, sodass die Kinder Ihre Beine sehen können. Die Kinder patschen nun auf ihre eigenen Oberschenkel.

In diesem Fall müssen Sie auf das Auseinanderwandern der Hände verzichten, doch die Überkreuzbewegung können Sie beim Patschen beibehalten. Der Text lässt sich dementsprechend leicht anpassen: „Patschen, kreuzen, patschen, weiter kreuzen."

Die Füße können nun das Metrum der Viertel- oder der Achtelnoten stampfen. Beides ist in Kombination mit den Klanggesten der Hände nicht einfach. Wir empfehlen die Begleitung der Füße mit abwechselndem Stampfen (linker Fuß, rechter Fuß usw).

Hexen hexen

Ein rhythmisches Koordinationsklatsch- und Bewegungsspiel

Hexen hexen eins, zwei, drei,

einen leck'ren Hexenbrei.

Mit Schneckenschleim und Haferkraut

wird dazu ein Tee gebraut.

Diesen leck'ren Hexenschmaus

gibt's in jedem Hexenhaus.

Mmmhhh!

Rhythmus

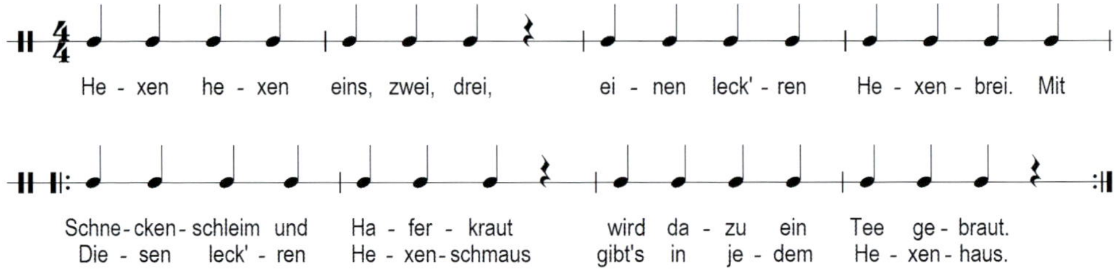

Klanggesten

Alle Kinder stehen in einem Kreis.

Hexen	Arme in die Hüften stützen
hexen	Oberkörper nach vorne beugen (parallel zum Boden)
eins,	mit den linken Fingern in Kopfhöhe schnipsen
zwei,	mit den rechten Fingern in Kopfhöhe schnipsen
drei,	in die Hände klatschen
einen leck'ren Hexenbrei.	eine Hand legt sich um die Faust der anderen, in einem imaginären großen Behälter rühren
Mit	Hände lösen, leicht in die Knie gehen, Hände über den Oberschenkeln parallel in Position bringen
Schne-	mit parallelen Händen auf die eigenen Oberschenkel patschen (rechte Hand auf rechtes Bein, linke Hand auf linkes Bein)
cken-	mit gekreuzten Händen auf die eigenen Oberschenkel patschen (rechte Hand auf linkes Bein, linke Hand auf rechtes Bein)
schleim	mit parallelen Händen auf die eigenen Oberschenkel patschen
und	mit beiden Händen auf die eigenen Pobacken patschen
Ha-	parallel auf die eigenen Oberschenkel patschen
fer-	gekreuzt auf die eigenen Oberschenkel patschen
kraut	parallel auf die eigenen Oberschenkel patschen
wird dazu ein Tee gebraut.	eine Hand legt sich um die Faust der anderen, in einem imaginären großen Behälter rühren
Diesen leck'ren Hexenschmaus	Wiederholung der Patschsequenz
gibt's in jedem Hexenhaus.	mit den Händen über dem Kopf ein Dach formen, einen Fuß an die Innenseite des Standbeinknies legen
Mmmhhh!	sich den Bauch reiben

Einführung

Üben Sie als Erstes die Patschsequenz. Stellen Sie sich dafür in einem Kreis auf, gehen Sie leicht in die Knie und beugen Sie sich nach vorne. Die Kinder werden die Bewegung mitmachen. Halten Sie Ihre Hände parallel über Ihren Oberschenkeln und patschen Sie gemeinsam mit den Kindern sehr langsam die gesamte Sequenz. Beschreiben Sie die Bewegung dabei mit Worten:

Erst mal	parallel auf die eigenen Oberschenkel patschen
vorne	gekreuzt auf die eigenen Oberschenkel patschen
dann auf den	parallel auf die eigenen Oberschenkel patschen
Po.	Hände patschen auf die eigenen Pobacken

Wiederholen Sie den Vers mehrfach und werden Sie dabei mit der Zeit immer schneller. Haben alle Kinder die Bewegung verstanden, sprechen Sie den Originalvers von vorne. Begleiten Sie diesen sofort mit den entsprechenden Bewegungen. Beginnen Sie jedoch auch hier in einem langsamen Tempo und warten Sie nach dem Wort „Hexenbrei", bis alle Kinder ihre Hände über die Oberschenkel gehoben haben, bevor Sie mit der nun bekannten Klatschsequenz beginnen.

Wochentage

Ein Echo wird zum Call-&-Response-Spiel

Montag, Dienstag,

Montag, Dienstag, Mittwoch.

Donnerstag, Donnerstag,

Donnerstag.

Freitag, Samstag,

Freitag, Samstag, Sonntag.

Rhythmus

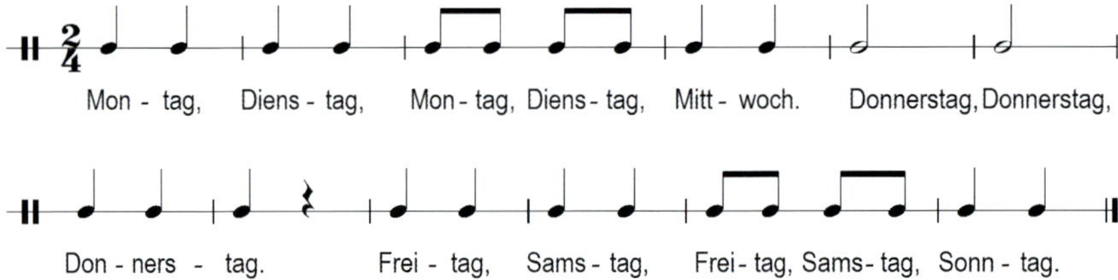

Klanggesten

Jeder Wochentag erhält eine eigene Klanggeste.

Mon-	rechte Hand patscht an linke Schulter
tag,	linke Hand patscht an rechte Schulter
Diens-	rechte Hand patscht auf rechten Oberschenkel
tag,	linke Hand patscht auf linken Oberschenkel
Montag, Dienstag,	s. o.
Mitt-	rechte Finger schnipsen rechts vom Körper
woch.	linke Finger schnipsen links vom Körper
Donnerstag.	mit dem rechten Fuß aufstampfen
Donnerstag.	mit dem linken Fuß aufstampfen
Don-	rechts stampfen
ners-	links stampfen
tag.	rechts stampfen
Frei-	rechte Hand patscht auf rechte Pobacke
tag,	linke Hand patscht auf linke Pobacke
Sams-	rechte Hand patscht auf linkes Knie
tag,	linke Hand patscht auf rechtes Knie
Freitag, Samstag,	s. o.
Sonn-	rechten Arm lang nach oben strecken
tag.	linken Arm lang nach oben strecken

Einführung

Führen Sie das Spiel als Echospiel ein. Führen Sie die Klanggesten sofort zum Sprechen aus.
Alle Kinder stehen dabei. Der Part der Kinder ist jeweils violett gesetzt.

Lehrer	Montag
Schüler	Montag
Lehrer	Montag
Schüler	Montag
Lehrer	Dienstag
Schüler	Dienstag
Lehrer	Dienstag
Schüler	Dienstag
Lehrer	Montag, Dienstag
Schüler	Montag, Dienstag
Lehrer	Montag, Dienstag
Schüler	Montag, Dienstag
Lehrer	Montag, Dienstag, Mittwoch
Schüler	Montag, Dienstag, Mittwoch
Lehrer	Mittwoch
Schüler	Mittwoch
Lehrer	Mittwoch
Schüler	Mittwoch
Lehrer	Montag, Dienstag, Mittwoch
Schüler	Montag, Dienstag, Mittwoch
Lehrer	Donnerstag
Schüler	Donnerstag
Lehrer	Montag, Dienstag, Mittwoch
Schüler	Montag, Dienstag, Mittwoch
Lehrer	Donnerstag
Schüler	Donnerstag

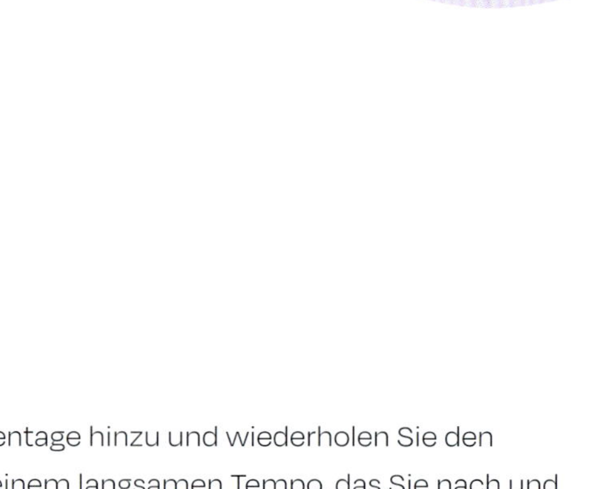

Fügen Sie nun die drei noch fehlenden Wochentage hinzu und wiederholen Sie den
gesamten Text anschließend gemeinsam in einem langsamen Tempo, das Sie nach und
nach steigern.

Weiterführung

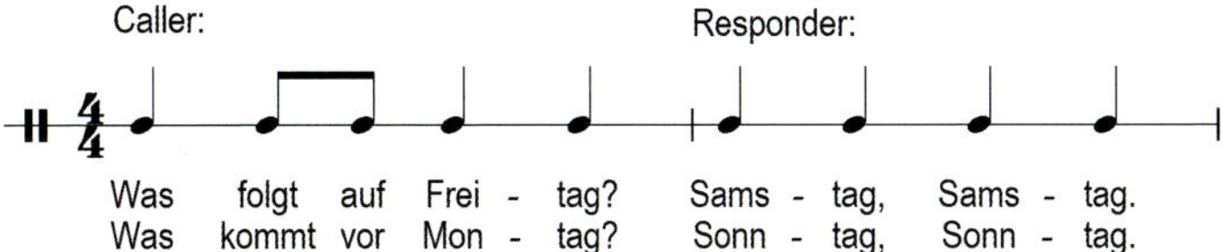

Um die Kinder gezielt nach bestimmten Wochentagen zu fragen, wechseln Sie in ein Call-&-Response-Spiel. Begleiten Sie dabei den Namen des Wochentages mit den jeweiligen Bewegungen. Die Kinder führen zu ihrer Antwort ebenfalls die entsprechenden Klanggesten aus.

Selbstverständlich kann die Rolle des Callers auch ein Schüler übernehmen.

Lehrer   Was folgt auf Freitag?
Schüler   Samstag, Samstag.
Lehrer   Was kommt vor Montag?
Schüler   Sonntag, Sonntag.

Der Bleistift-rhythmus

Ein Rhythmusspiel

Du denkst, der Bleistift ist zum Schreiben da?

Doch das ist ganz und gar nicht wahr.

Ein Bleistift kann noch viel, viel mehr.

Ich zeig es dir, komm, hör mal her!

Rhythmus

Verwenden Sie Bleistifte ohne Radiergummi oder alternativ Buntstifte.

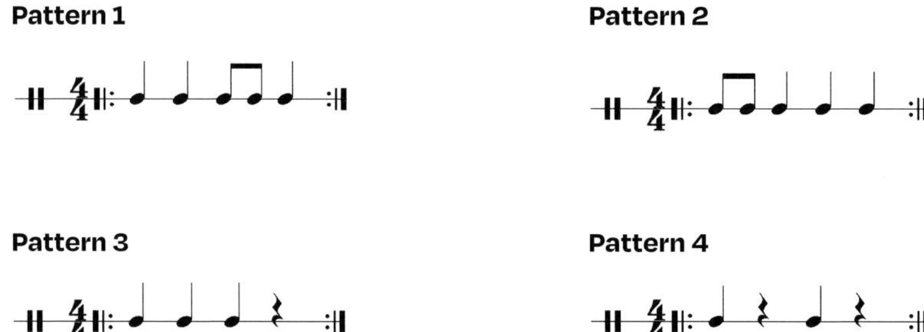

Pattern 1

Pattern 2

Pattern 3

Pattern 4

Klanggesten

für das Spiel mit einem Bleistift

Viertelnoten	das obere Ende des Bleistifts klopft locker auf die Tischplatte
Achtelnoten	das obere Ende des Bleistifts klopft locker gegen die andere Handinnenfläche
Viertelpause	Bleistift in die Luft klopfen

für das Spiel mit zwei Bleistiften

Viertelnoten	das jeweils obere Ende der Bleistifte klopft locker auf die Tischplatte
Achtelnoten	beide Bleistifte locker aufeinanderschlagen
Viertelpause	einen Bleistift 1x nach vorne über den anderen reiben

Einführung

Jedes Kind nimmt einen Bleistift in die Hand und klopft die von Ihnen vorgegebenen Rhythmen nach. Wiederholen Sie jedes einzelne Pattern so lange, bis alle Kinder korrekt klopfen.

Teilen Sie die Gruppe nun zunächst in zwei Gruppen. Lassen Sie Gruppe 1 Pattern 1 klopfen. Anschließend klopfen Sie mit Gruppe 2 Pattern 4. Nun versuchen beide Gruppen gleichzeitig zu spielen.

Wenn es den Kindern gelingt, das rhythmische Muster problemlos durchzuhalten, fügen Sie eine dritte Gruppe hinzu, die Pattern 3 übernimmt. Am Ende können alle vier Muster von vier Kindergruppen übernommen werden.

Alternative Rhythmuspattern

Pattern 1

Pattern 2

Pattern 3

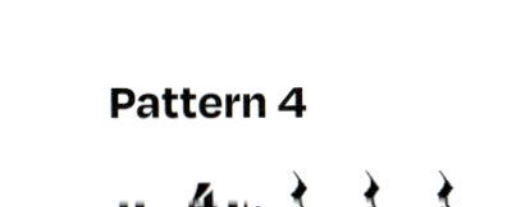

Pattern 4

oder

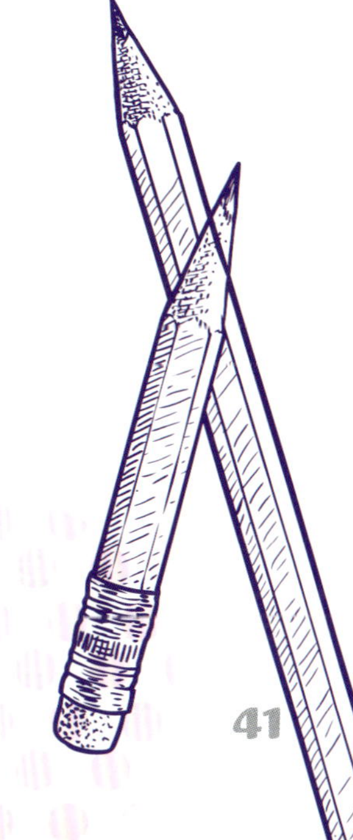

Pattern 1

Pattern 2

Pattern 3

Pattern 4

Weiterführung 1

Jedes Kind nimmt in die linke Hand einen Buntstift und in die rechte Hand einen Bleistift mit Radiergummi. Geklopft wird ausschließlich mit den oberen Stiftenden. Das untere Stiftende (mit der Mine) läuft zwischen Daumen und Zeigefinger hindurch.

Rhythmus

rechter Stift klopft zweimal auf linken Stift

rechter Stift klopft einmal senkrecht auf die Tischplatte

rechter Stift klopft zweimal auf linken Stift

linker Stift klopft einmal senkrecht auf die Tischplatte

rechter Stift klopft zweimal auf linken Stift

rechter Stift klopft zweimal senkrecht auf die Tischplatte

rechter Stift klopft zweimal auf linken Stift

linker Stift klopft einmal senkrecht auf die Tischplatte

Weiterführung 2

Auch andere Gegenstände im Federmäppchen eignen sich zum Musizieren, wie z. B. das Lineal oder auch der Radiergummi. Versuchen Sie einmal folgendes Federmäppchen-orchesterwerk, bei dem alle gemeinsam gleichzeitig spielen. Anfangs sollten Sie die Kinder gruppieren und jeder Kindergruppe ihr „Instrument" vorgeben, denn es ist wesentlich ein-facher im Rhythmus zu bleiben, wenn die Nachbarn das gleiche Pattern spielen.

Das Lineal

Schlag 1: locker auf die Tischplatte klopfen

Schlag 2: locker in die andere Handfläche klopfen

Schlag 3: locker auf ein auf dem Tisch liegendes Heft klopfen

Schlag 4: locker in die andere Handfläche klopfen

Der Radiergummi

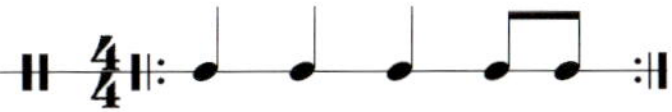

Schläge 1–4: Der Radiergummi klopft im Rhythmus fest auf die Tischplatte

Die Bleistifte

Schlag 1: rechter Stift klopft zweimal auf linken Stift

Schlag 2: rechter Stift klopft einmal auf die Tischplatte

Schlag 3: rechter Stift klopft einmal auf linken Stift

Schlag 4: rechter Stift klopft in die Luft

Finden Sie gemeinsam mit den Kindern weitere Rhythmen.

Ziel sollte es sein, dass Sie später einfach einen Radiergummi oder zwei Stifte nehmen können, damit den Grundschlag vorgeben und die Kinder mit einem Gegenstand aus Ihrem Federmäppchen automatisch einstimmen. Der Eingangsvers bildet die Einführung in das Spiel, sodass weder eine Aufforderung zum Herausnehmen eines Stiftes noch eine Erklärung notwendig ist.

Weiterführung 3

Jetzt lässt sich dieses gemeinsame rhythmische Musizieren auch problemlos auf Instrumente übertragen. Lassen Sie sich jedes Kind im Musikraum ein Instrument aus dem Orff-Instrumentarium aussuchen und ohne große Erklärung werden die Kinder beginnen, rhythmisch zu spielen, wenn Sie mit einer Handtrommel oder einem Xylophon das Metrum vorgeben.

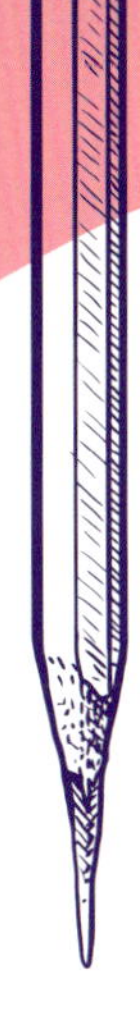

Hose, Schuhe, Mütze, Schal

ein Konzentrationskoordinationsspiel

|: Hose, Schuhe, Mütze, Schal
und das Gleiche noch einmal.
Hose, Schuhe, Mütze, Schal
und das Gleiche noch einmal. :|

|: Hose, Schuhe, Kappe, Shirt,
ihr wisst, wo alles hingehört.
Hose, Schuhe, Kappe, Shirt,
ihr wisst, wo alles hingehört. :|

Hose, Schuhe, Mütze, Schal
und das Gleiche noch einmal.
Hose, Schuhe, Mütze, Schal
jetzt ist Schluss bis nächstes Mal.

Rhythmus

Der Sprachrhythmus entspricht dem Metrum des Textes und bleibt in fast allen Zeilen
gleich. Lediglich das erste Wort der Zeilen zwei und vier in der zweiten Strophe rutscht als
Auftakt in die vorige Zeile.

Bewegungen

Die Kinder stehen. Die Füße sind leicht geöffnet.

Hose,	beide Hände patschen parallel auf die Oberschenkel
Schuhe,	beide Hände berühren gekreuzt die Füße (linke Hand auf rechten Fuß, rechte Hand auf linken Fuß)
Mütze,	beide Hände auf den Kopf legen, Fingerspitzen berühren sich
Schal	beide Hände patschen gekreuzt an die Schultern
und das Gleiche noch einmal.	Wiederholung
Hose, Schuhe, Mütze, Schal	Wiederholung
und das Gleiche noch einmal.	
Hose, Schuhe,	siehe oben
Kappe,	linken Arm in die Hüfte stützen, Gewicht auf dem rechten Fuß, rechte Hand in Nähe der Schläfe heben, als wolle man einen Hut ziehen, cooler Blick
Shirt,	mit der rechten Hand einen imaginären Fussel vom linken Oberarm wischen
ihr wisst, wo alles hingehört.	Wiederholung
Hose, Schuhe, Kappe, Shirt,	Wiederholung
ihr wisst, wo alles hingehört	

Einführung

Beginnen Sie in einem langsamen Tempo mit Strophe 1, sodass die Kinder Ihre Bewegungen sofort aufnehmen können. Steigern Sie anschließend das Tempo. Jetzt ist es schon gar nicht mehr so einfach, alle Bewegungen fließend auszuführen. Um den Schwierigkeitsgrad zu steigern, fügen Sie Strophe 2 hinzu. Beginnen Sie auch hier zunächst langsam und steigern Sie nach und nach die Geschwindigkeit. Am Ende hängen Sie noch einmal den Text der ersten Strophe an. Wer erinnert sich noch an den Bewegungsablauf?

Ein Tita- Tita- Tintenklecks

Ein rhythmisches Fingerspiel

Eins, zwei, drei, vier, fünf und sechs,

Tita- Tita- Tintenklecks.

Ach herrjeh, oh nein, oh Schreck!

Dieser Tintenklecks muss weg.

Ich mal ihm einfach ein Gesicht,

dann erkennt man ihn auch nicht.

Der Sprachrhythmus entspricht dem Metrum und bleibt in fast allen Zeilen gleich. Die einzige Ausnahme ist das erste Wort in Zeile 5 („Ich"), dies rutscht als Auftakt an das Ende von Zeile 4. Da es jedoch keine Auswirkung auf die gestische Begleitung hat, haben wir auf die vollständige Notierung verzichtet.

Rhythmus

Da der Sprachrhythmus in allen Zeilen gleich bleibt, haben wir hier auf eine vollständige

Notation verzichtet.

Klanggesten

Beide Hände in Brusthöhe halten. Die Handinnenflächen sind zueinander gedreht ohne einander zu berühren.

Eins,	Daumenkuppen aneinandertippen
zwei,	Zeigefingerkuppen aneinandertippen
drei,	Mittelfingerkuppen aneinandertippen
vier,	Ringfingerkuppen aneinandertippen
fünf	Fingerkuppen der kleinen Finger aneinandertippen
und	in die Hände klatschen
sechs,	in die Hände klatschen
Tita-	rechte Hand zur Faust schließen, Arm geht diagonal lang nach vorne, dabei spreizen sich die Finger weit
Tita-	rechter Arm geht zum Körper zurück, gleichzeitig führt die linke Hand die gleiche Bewegung aus
Tinten-**klecks**.	Wiederholung der Bewegung mit links und rechts
Ach, herr-	beide Hände an die Wangen legen
jeh,	beide Hände parallel an die Schultern tippen (linke Hand an linke Schulter, rechte Hand an rechte Schulter)
oh **nein**,	beide Hände übereinander auf den Kopf legen
oh **Schreck**!	beide Hände parallel auf die Schultern tippen
Dieser Tinten-	warten
klecks	mit beiden Handflächen auf den Tisch patschen
muss **weg**.	beide Hände parallel außen an den jeweiligen Oberschenkel patschen
Ich mal ihm ein-fach ein Gesicht,	beide Hände nach oben führen, Handaußenflächen berühren das Kinn und streichen über die Wangen nach oben
dann erkennt man ihn auch nicht.	Handinnenflächen vor die Augen halten, Unterarme berühren sich dabei vor dem Körper

Einführung

Führen Sie die Klanggesten bereits zum Sprechen aus und lassen Sie die Kinder Ihre Worten und Gesten wie folgt wiederholen. Der Part der Kinder ist jeweils türkis gesetzt.

Eins, zwei, drei, vier, fünf und sechs.

Tita- Tita- Tintenklecks.

Eins, zwei, drei, vier, fünf und sechs,
Tita- Tita- Tintenklecks.

Ach herrjeh, oh nein, oh Schreck!

(leise:) Ach herrjeh, oh nein, oh Schreck!

(flüstern:) Ach herrjeh, oh nein, oh Schreck!

(laut): Ach herrjeh, oh nein, oh Schreck! Dieser Tintenklecks muss weg.

Ach herrjeh, oh nein, oh Schreck! Dieser Tintenklecks muss weg.

Ich mal ihm einfach ein Gesicht, dann erkennt man ihn auch nicht.

Wiederholen Sie den gesamten Text.

Alternative mit etwas mehr Bewegung

Teilen Sie die Kinder in drei Gruppen ein, die sich jeweils beim Durchführen der Bewegungen nacheinander erheben und wieder hinsetzen. Die drei Gruppen sind farblich unterschiedlich gekennzeichnet:

Eins, zwei, drei, vier, fünf und sechs,
Tita- Tita- Tintenklecks.
Ach herrjeh, oh nein, oh Schreck!
Dieser Tintenklecks muss weg.

Ich mal ihm einfach ein Gesicht,   Bewegungen siehe oben
dann erkennt man ihn auch nicht.

Auch andere Kleckse lassen sich in den kleinen Vers integrieren:

Eins, zwei, drei, vier, fünf und sechs,	Eins, zwei, drei, vier, fünf und sechs,
Fiba- Fiba- Farbenklecks.	Pipa- Pipa- Pinselklecks.
Ach herrjeh, oh nein, oh Schreck!	Ach herrjeh, oh nein, oh Schreck!
Dieser Farbenklecks muss weg.	Dieser Pinselklecks muss weg.
Ich mal ihm einfach ein Gesicht,	Ich mal ihm einfach ein Gesicht,
dann erkennt man ihn auch nicht.	dann erkennt man ihn auch nicht.

Gegenteile

Ein Call-&-Response-Spiel

Es gibt unendlich viele Gegenteile,
überlegen wir mal eine Weile:

Da ist dick und dünn und dunkel – hell.
Es gibt kurz und lang und langsam – schnell.

Ich kenne jung und alt und kalt und heiß,
auch groß und klein und laut und leis'.

Dann gibt es leer und voll, auch arm und reich,
offen – geschlossen sowie hart und weich.

Rhythmus

Der Sprachrhythmus bleibt in allen Zeilen gleich. Da hier das Metrum eines Viervierteltaktes durchläuft, haben wir auf die Notation verzichtet. Spielen Sie allerdings bei dem Spiel mit Ihrer Stimme.

Ziel

Ziel des Spiels ist es zum einen, dass die Kinder relativ schnell das richtige Antonym assoziieren und den Vers an der entsprechenden Stelle mit dem richtigen Wort ergänzen.

Einführung

Die ersten beiden Zeilen führen bereits in die Aufgabe ein. Eine lange Erklärung ist daher nicht notwendig. Sprechen Sie die einzelnen Verse, aber lassen Sie die Kinder das Antonym ergänzen. Wenn Sie möchten, können Sie die Adjektive mit einer passenden Geste begleiten.

In dem Beispiel ist der Part der Kinder jeweils kursiv gesetzt.

Da ist dick und *dünn* und dunkel – *hell*.
Es gibt kurz und *lang* und langsam – *schnell*.

Finden Sie gemeinsam mit den Kindern weitere Antonympaare. Diese müssen sich nicht unbedingt reimen. Die Faszination des Spiels entsteht durch die Schnelligkeit. Je schneller das Pingpong zwischen dem Caller und den Antwortgebern funktioniert, desto mehr Spaß macht es.

Klanggesten

Das Spiel benötigt keine Klanggesten. Aber es lässt sich natürlich jederzeit um solche ergänzen. Allerdings sollten diese zuvor gemeinsam festgelegt werden.

Für den Caller eignet sich Händeklatschen für einsilbige Wörter sowie Händeklatschen und paralleles Fingerschnipsen für zweisilbige Wörter. Für dreisilbige Wörter schnipsen Sie einmal mit links und einmal mit rechts. Da die Gruppe der Antwortenden größer ist, sollten hier leise Gesten ausgewählt werden. Statt Händen und Fingern eignet sich hierfür auch der Einsatz von Buntstiften, die sich leicht aufeinanderschlagen lassen und trotzdem den Geräuschpegel nicht allzu sehr anheben.

Weitere Vorschläge für Antonympaare

weiß – schwarz, hässlich – schön, nass – trocken, schwer – leicht, krank – gesund, stumpf – spitz, gut – böse, richtig – falsch, rückwärts – vorwärts, drinnen – draußen, minus – plus, Liebe – Hass, Tag – Nacht, Junge – Mädchen, Frau – Mann, Einzahl – Mehrzahl, Morgen – Abend, Sommer – Winter, Stadt – Land ...

Weiterführung 1

Außer Antonymen gibt es noch eine ganze Reihe an anderen Assoziationen, die sich abfragen lassen. Dies können zum einen Wörter sein, die einfach jeder aufgrund ihres Bekanntheitsgrades gleich weiterführt, oder auch Wörter, die in der Sprache fest miteinander verbunden sind. Einige Begrifflichkeiten , die sich für das Spiel mit Kindern eignen, wären bspw.:

Peppa – Wutz, Feuerwehrmann – Sam, Patterson und – Findus, Benjamin – Blümchen, Checker – Tobi, TKK – G, Micky – Maus, Lightning – McQueen ...
ding – dong, danke – bitte, ping – pong, Salz – Pfeffer, Sonne – Mond ...

Weiterführung 2

Call & Response ist auch sehr gut für Kopfrechenaufgaben geeignet:

3 + 4   7
6 + 3   9
3 + 6   9
usw.

Auch das Alphabet in einem Wechselspiel aufzusagen, macht Spaß:
AB – CD – EF – GH usw.

Tipp

Für Lehrkräfte hält das Spiel noch einen versteckten Vorteil bereit: Sie können dieses Spiel, wenn es erst einmal bekannt ist, gezielt (und wohldosiert) einsetzen. So können Sie die Konzentration der Kinder wiedererlangen, sollte die Klasse einmal unruhig sein, bspw. nach einer Stillarbeit. Anstatt um Ruhe zu bitten, stehen Sie einfach auf und sprechen:

Eins, zwei, drei und vier	heben Sie ihren Arm in Kopfhöhe und heben Sie nacheinander Ihre Finger in die Luft
alle Augen seh'n zu mir.	zeigen Sie auf sich

Dann beginnen Sie einfach einen Begriff in die Klasse zu werfen. Die Kinder sind sofort bei der Sache und Sie haben die Zügel wieder in der Hand, ohne einzelne Kinder mehrfach ermahnen zu müssen.

Heut' ist ein schöner Tag

Melodie nach dem traditionellen Volkslied:
„Himmel und Erde müssen vergeh'n"

Heut' ist ein schöner Tag,

wie ich ihn mag.

Hallo, ich grüße dich.

Hallo, auch du grüßt mich.

Hallo, hallo, hallo,

ich freu mich so.

Melodie

Melodie: traditionell
Text: E. Gulden, B. Scheer

Bewegungsbegleitung

Alle Kinder stehen. Die Füße sind geschlossen. Die Hände sind in die Hüften gestützt.

Heut' ist ein **schö**ner Tag,	die Arme lang nach oben über den Kopf strecken
wie ich ihn mag.	die Arme zu den Seiten in Schulterhöhe öffnen
Hallo, ich grüße	Hände übereinander auf das Herz legen
dich.	beide Arme parallel lang nach vorne ausstrecken, Handinnenflächen zeigen nach oben
Hallo, auch du grüßt	Arme langsam beugen
mich.	Handinnenflächen auf der Brust kreuzen
Hallo, hal-	linken Unterarm nach vorne beugen, die linke Handinnenfläche zeigt nach oben
lo, hallo,	rechten Unterarm nach vorne beugen, die rechte Handinnenfläche zeigt nach oben
ich freu mich	Arme wieder auf der Brust kreuzen
so.	linken und rechten Unterarm gleichzeitig nach vorne beugen, Handinnenflächen zeigen nach oben

Einführung

Singen Sie das Lied zunächst vor. Führen Sie die Bewegungen dabei bereits aus und lassen Sie die Kinder Ihre Worte und Gesten wie folgt wiederholen. Der Part der Kinder ist jeweils grün gesetzt:

Heut' ist ein schöner Tag, wie ich ihn mag.

Heut' ist ein schöner Tag, wie ich ihn mag.

Hallo, ich grüße dich. Hallo, auch du grüßt mich.

Hallo, hallo, hallo, ich freu mich so.

Heut' ist ein schöner Tag, wie ich ihn mag.

Hallo, ich grüße dich. Hallo, auch du grüßt mich.

Hallo, hallo, hallo, ich freu mich so.

Singen Sie nun das Lied 2- bis 3-mal hintereinander. Dann beginnen Sie den Kanon. Eine Kindergruppe kann dabei grundsätzlich nur die ersten beiden Takte singen und diese immer wiederholen („Heut' ist ein schöner Tag, wie ich ihn mag"), während die zweite Kindergruppe das Lied durchsingt.

Weiterführung

Das Lied lässt sich mit den beiden Tönen f' und c'' sehr einfach auf einem Xylophon
metrisch begleiten. Die Begleitung erfolgt auf jeden ersten Schlag eines Taktes in folgender
Reihenfolge:

F C C F
F C C F
F C C F

Am Meer

Ein rhythmisches Assoziationsspiel

Was? Was? Was?
Was gibt's am Meer?
Fällt euch was ein,
es ist nicht schwer.

Ein Kind meldet sich und sagt beispielsweise: „Möwen"

Möwen, Möwen, Möwen gibt's am Meer.
Möwen gibt's am Meer, wer weiß noch mehr?

Rhythmus

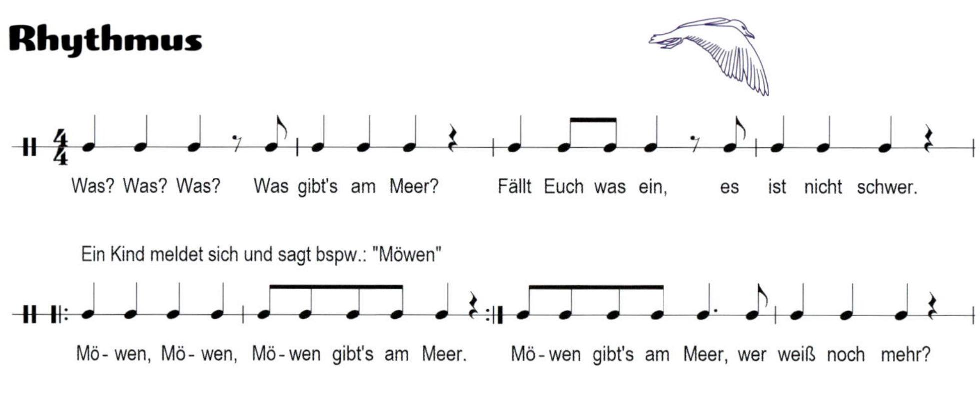

Klanggesten

Teil1

Was?	schnipsen mit Daumen und Zeigefinger der linken Hand in Höhe der linken Schulter
Was?	gegengleiche Bewegung mit rechts
Was?	mit beiden Händen gleichzeitig schnipsen
Was gibt's am Meer?	beide Hände in Schulterhöhe fragend in die Luft halten, Handinnenflächen zeigen nach oben
Fällt euch was ein, es	beide Zeigefingerkuppen einmal kurz an die Schläfen tippen
ist	schnipsen mit links
nicht	schnipsen mit rechts
schwer.	schnipsen mit links und rechts

Teil 2

Mö-	rechte Hand patscht an linke Schulter
wen,	linke Hand patscht an rechte Schulter
Möwen,	Wiederholung
Möwen	Wiederholung
gibt's	Fingerspitzen der rechten Hand patschen auf die Tischplatte
am	Fingerspitzen der linken Hand patschen auf die Tischplatte
Meer.	leise in die Hände klatschen
Möwen gibt's am Meer,	Wiederholung der letzten Klatschsequenz
wer weiß noch mehr?	Arme fragend zu den Seiten ausstrecken, Handinnenflächen zeigen nach oben

Einführung

Der kleine Vers besteht aus zwei Teilen: der Frage und dem gemeinsamen Aufgreifen der gegebenen Antwort. Bei jedem ersten Durchgang beginnen Sie das Spiel alleine mit den Worten, wie sie oben geschrieben stehen. Bei allen weiteren Durchgängen fallen diese Zeilen weg, denn die Frage nach einer neuen Assoziation ist in dem zweiten Teil bereits enthalten, d. h. hier müssen Sie nichts einführen.

Da Sie allerdings nicht wissen, welche Antwort erfolgt, aus der sich der Rhythmus für den zweiten Teil ergibt, sollten Sie zunächst eine Basis festlegen. Nehmen Sie hierfür ein zwei-silbiges Wort. Nennen die Kinder Wörter mit anderen Betonungen, so schreiben Sie diese an die Tafel und greifen Sie diese im Anschluss auf.

Sprechen Sie nun im Rhythmus und lassen Sie die Kinder Ihre Worten und Gesten wie folgt wiederholen. Der Part der Kinder ist jeweils rosa gesetzt.

Möwen, Möwen, Möwen gibt's am Meer. Möwen, Möwen, Möwen gibt's am Meer.
Möwen, Möwen, Möwen gibt's am Meer. Möwen, Möwen, Möwen gibt's am Meer.
Wiederholen Sie die Zeile ein drittes und viertes Mal, aber begleiten Sie diese mit der Klang-geste (s. o.).

Möwen gibt's am Meer, wer weiß noch mehr? Möwen gibt's am Meer, wer weiß noch mehr?
Möwen gibt's am Meer, wer weiß noch mehr? Möwen gibt's am Meer, wer weiß noch mehr?

Wiederholen Sie nun den Antwortvers noch einmal im Ganzen gemeinsam mit den Kindern. Dann gehen Sie zur nächsten Assoziation über. Idealerweise sollten die ersten zwei bis drei Durchgänge Wörter mit gleichem Sprachrhythmus aufweisen.

Tipp: Wenn die Kinder bereits lesen können, schreiben Sie den Basistext des zweiten Versteils an die Tafel.

Vorschläge für ein- und dreisilbige Wörter

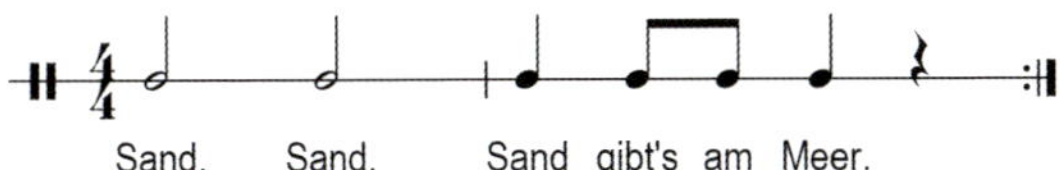

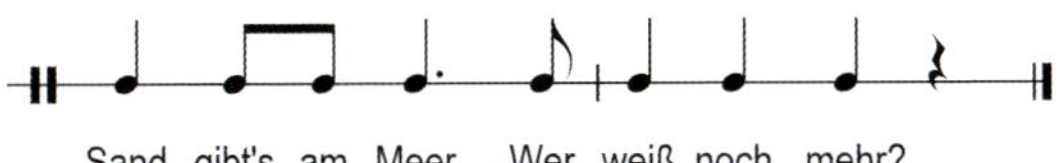

Sand,	rechte Hand patscht an linke Schulter
Sand,	linke Hand patscht an rechte Schulter
Sand	rechte Hand patscht an rechte Schulter, gleichzeitig patscht linke Hand an linke Schulter
gibt's	Fingerspitzen der rechten Hand patschen auf die Tischplatte
am	Fingerspitzen der linken Hand patschen auf die Tischplatte
Meer.	leise in die Hände klatschen
Sand	beide Hände patschen über Kreuz an die Schultern
gibt's	rechte Fingerspitzen patschen auf die Tischplatte
am	linke Fingerspitzen patschen auf die Tischplatte
Meer,	leise in die Hände klatschen
wer	Arme fragend zu den Seiten ausstrecken, Handinnenflächen zeigen nach oben
weiß noch mehr?	

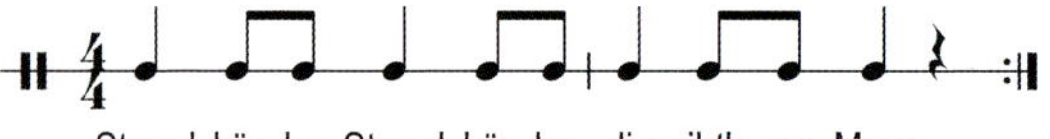

Strandkörbe,	rechte Hand patscht im Rhythmus dreimal an linke Schulter
Strandkörbe,	Wiederholung
die	rechte Fingerspitzen patschen auf die Tischplatte
gibt's am	linke Fingerspitzen patschen auf die Tischplatte
Meer.	leise in die Hände klatschen
Strandkörbe,	linke Hand patscht im Rhythmus dreimal an rechte Schulter
Strandkörbe,	Wiederholung
wer weiß mehr?	Arme fragend zu den Seiten ausstrecken, Handinnenflächen zeigen nach oben

Weiterführung

Notieren Sie den Rhythmus für mögliche Betonungen an die Tafel. Schreiben Sie diese
zunächst wie folgt untereinander:

Patschen Sie zunächst die Viertelnoten mit den Fingerspitzen auf die Tischplatte. Verklang-
lichen Sie anschließend die halben Noten, indem Sie einmal auf die Tischplatte patschen
und einmal stumm in die Luft. Als Letztes folgen die Achtelnoten: Hier sind die Fingerkuppen
der beiden Zeigefinger zu hören, wie sie vorsichtig auf die Tischplatte fallen.

Notieren Sie nun daneben den Rhythmus der Wörter, die die Kinder aus dem Spiel schon
kennen. Ohne eine musiktheoretische Erklärung können die meisten Kinder das Rhythmus-
bild lesen, allerdings werden sie es zunächst mit den neuen Bewegungen umsetzen.

Im Herbst

Ein rhythmisches Assoziationsspiel

Was fällt dir zu ‚Herbst' ein?
Was hält der Herbst bereit?

Ein Kind meldet sich und sagt bspw: „Nüsse"

Nüsse, Nüsse gibt's zu dieser Zeit.
Nüsse, Nüsse hält der Herbst bereit.

Rhythmus

Klanggesten

Teil 1

Was fällt dir zu ‚Herbst' ein? mit den Fingern der linken Hand schnipsen

Was hält der Herbst bereit? mit den Fingern der rechten Hand schnipsen

Teil2

Nüsse,	mit den Fingerknöcheln beider Hände parallel auf den Tisch klopfen
Nüsse	Wiederholung
gibt's zu dieser Zeit.	mit den Fingerknöcheln beider Hände im Wechsel auf den Tisch klopfen
Nüsse, Nüsse hält der Herbst bereit.	Wiederholung

Einführung

Sprechen und klopfen Sie den zweiten Teil des Verses einmal vor und wiederholen Sie ihn anschließend gemeinsam mit den Kindern.

Wörter mit schwierigeren Betonungen oder Klanggestenabläufen sollten Sie zunächst einige Male üben, bevor Sie diese in den Antwortvers integrieren.

Vorschläge für Wörter anderer Betonungen:

Kastanien

Kas-	mit den Fingern beider Hände in Schulterhöhe schnipsen
ta-	in Brusthöhe in die Hände klatschen
nien,	beide Hände patschen gleichzeitig leise auf den Tisch
Kastanien	Wiederholung
gibt's zu dieser Zeit …	mit den Händen im Wechsel rhythmisch auf die Tischplatte patschen
Kastanien, Kastanien hält der Herbst bereit.	Wiederholung

Kürbisse

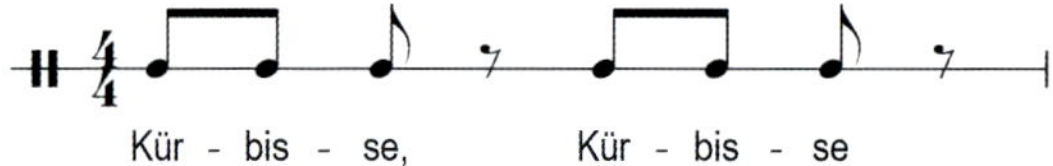

Kür-	mit den Händen parallel auf die Tischplatte patschen
bis-	Handinnenflächen gegeneinander reiben, eine Hand geht dabei nach vorne
se,	Handinnenflächen gegeneinander reiben, die andere Hand geht nun nach vorne
Kürbisse	Wiederholung
gibt's zu dieser Zeit.	mit den Händen im Wechsel rhythmisch auf die Tischplatte patschen
Kürbisse, Kürbisse hält der Herbst bereit.	Wiederholung des gesamten Ablaufs

Regenwolken

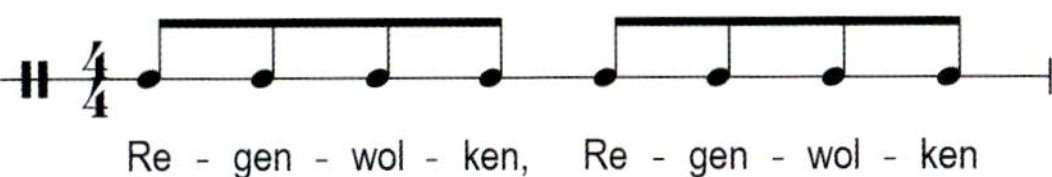

Re-	beide Zeigefingerkuppen tippen auf den Tisch
gen-	beide Mittelfingerkuppen tippen auf den Tisch
wol-	beide Ringfingerkuppen tippen auf den Tisch
ken,	beide kleinen Finger tippen auf den Tisch
Regenwolken	Wiederholung
gibt's zu dieser Zeit.	mit den Händen im Wechsel rhythmisch auf die Tischplatte patschen
Regenwolken, Regenwolken hält der Herbst bereit.	Wiederholung des gesamten Ablaufs

Wind

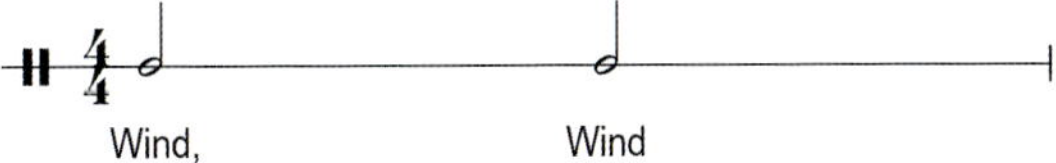

Wind,	in die Hände klatschen
Wind	in die Hände klatschen
gibt's zu dieser Zeit.	mit den Händen im Wechsel rhythmisch auf die Tischplatte patschen
Wind, Wind hält der Herbst bereit.	Wiederholung

Weiterführung

siehe Seite 63

Im Schnee

Ein rhythmisches Assoziationsspiel

Was gibt's im Schnee?
Wer hat 'ne Idee?

Ein Kind meldet sich und sagt bspw „Schlitten".

Schlitten, Schlitten, die gibt's im Schnee.
Wer hat noch 'ne andere Idee?

Rhythmus

Klanggesten

Teil 1

Was gibt's im	mit den Fingern der linken Hand schnipsen
Schnee?	mit den Fingern der rechten Hand schnipsen
Wer hat 'ne Idee?	Arme fragend öffnen

Teil 2

Schlit-	in die Hände klatschen
ten,	beide Hände patschen auf den Tisch
Schlitten,	Wiederholung
Schlitten gibt's im Schnee.	mit der Klatsch-Patsch-Sequenz im Metrum fortfahren, während die Sprache im Rhythmus bleibt
Wer hat noch 'ne andere Idee?	beide Hände patschen im Wechsel metrisch auf den Tisch, die Sprache hält den Rhythmus

Einführung

Sprechen und klopfen Sie den zweiten Teil des Verses einmal vor und wiederholen Sie ihn anschließend gemeinsam mit den Kindern.

Für Wörter mit schwierigeren Betonungen oder Klanggestenabläufen sollten Sie dieses Wort zunächst einige Male üben, bevor Sie es in den Antwortvers integrieren.

Vorschläge für Wörter anderer Betonungen:

Skifahrer

Ski-	beide Hände patschen gleichzeitig auf den Tisch
fah-	in die Hände klatschen
rer,	in die Hände klatschen
Skifahrer	Wiederholung
die gibt's im	beide Hände patschen gleichzeitig auf den Tisch, zweimal in die Hände klatschen
Schnee	beide Hände patschen gleichzeitig auf den Tisch
Wer hat noch 'ne andere Idee?	beide Hände patschen im Wechsel rhythmisch auf den Tisch

Eis

Eis,	beide Ellenbogen klopfen auf den Tisch
Eis,	beide Hände patschen über Kreuz an die Schultern
Eis gibt es im	beide Ellenbogen klopfen auf den Tisch
Schnee.	beide Hände patschen über Kreuz an die Schultern
Wer hat noch 'ne andere Idee?	beide Hände patschen im Wechsel rhythmisch auf den Tisch
Schnee	beide Hände patschen gleichzeitig auf den Tisch
Wer hat noch 'ne andere Idee?	beide Hände patschen im Wechsel rhythmisch auf den Tisch

Weiterführung

siehe Seite 63

Schneewittchen

Ein rhythmisches Assoziationsspiel

Was gibt's in den Bergen
bei den sieben Zwergen?

Ein Kind meldet sich und sagt bspw „Schneewittchen".

Schneewittchen, Schneewittchen gibt es in den Bergen
bei den sieben Zwergen.

Rhythmus

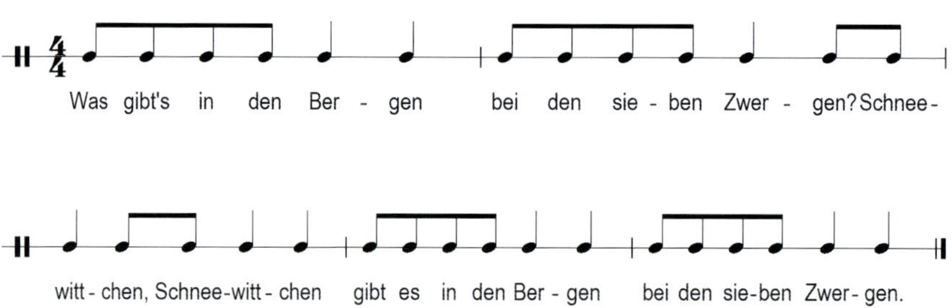

Klanggesten

Teil 1

Was gibt's in den	mit den Fingern der linken Hand schnipsen
Bergen	mit den Fingern der rechten Hand schnipsen
bei den sieben Zwergen?	Arme fragend öffnen

Teil 2

Schnee-	beide Hände patschen auf den Tisch
witt-	mit den Fingerknöcheln auf den Tisch klopfen
chen,	beide Hände patschen auf den Tisch
Schneewittchen	Wiederholung
gibt es in den Bergen bei den sieben Zwergen.	beide Hände patschen im Wechsel rhythmisch auf den Tisch

Einführung

Sprechen und klopfen Sie den zweiten Teil des Verses einmal vor und wiederholen Sie ihn anschließend gemeinsam mit den Kindern.

Für Wörter mit schwierigeren Betonungen oder Klanggestenabläufen sollten Sie dieses Wort zunächst mehrere Male üben, bevor Sie es in den Antwortvers integrieren.

Vorschläge für Wörter anderer Betonungen:

kleine Teller

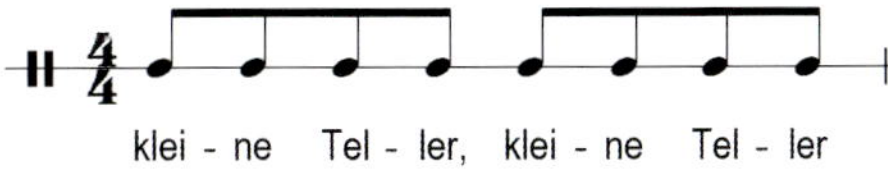

Kleine Teller, kleine Teller	beide Zeigefinger patschen im Wechsel auf den Tisch
gibt es in den Bergen bei den sieben Zwergen.	beide Hände patschen im Wechsel rhythmisch auf den Tisch

Stiefmutter

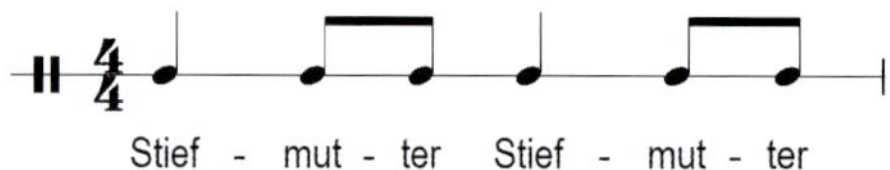

Stief-	beide Hände patschen auf den Tisch
mut-	mit den Fingerknöcheln auf den Tisch klopfen
ter,	mit den Fingerknöcheln auf den Tisch klopfen
Stiefmutter	Wiederholung
gibt es in den Bergen bei den sieben Zwergen.	beide Hände patschen im Wechsel rhythmisch auf den Tisch

Spiegel

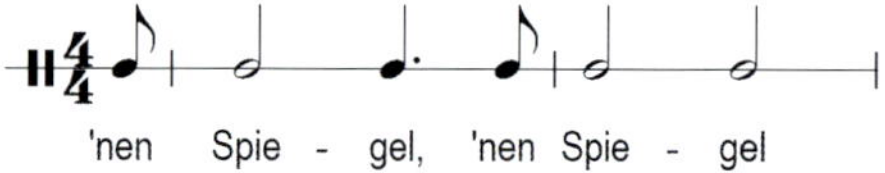

'nen	in die Luft schnipsen
Spie-	rechte Hand reibt über die linke
gel, 'nen	linke Hand reibt über die rechte
Spie-	rechte Hand reibt über die linke
gel	linke Hand reibt über die rechte
gibt es in den Bergen bei den sieben Zwergen.	beide Hände patschen im Wechsel rhythmisch auf den Tisch

Tisch

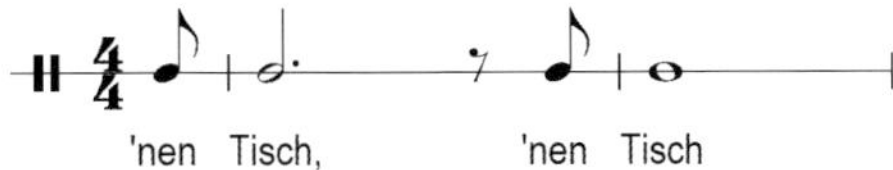

'nen	in die Luft schnipsen
Tisch 'nen	mit beiden Füßen 1x aufstampfen, Füße dabei kreuzen
Tisch	mit beiden Füßen 1x aufstampfen, Füße stehen wieder nebeneinander
gibt es in den Bergen bei den sieben Zwergen.	beide Füße gehen im Wechsel rhythmisch am Platz

Weiterführung

Entwickeln Sie ein einfaches Rhythmical, indem Sie die Kinder in drei Gruppen einteilen. Jede Gruppe erhält einen der zuvor gefallenen Begriffe. Sie wiederholen diesen immer wieder und begleiten das Wort rhythmisch, indem sie eine Fingerkuppe im Rhythmus auf die Tischplatte klopfen.

Beispiel:

Tipp: Für die Kinder, die das Spiel der halben Noten (Spiegel) übernehmen, ist es einfacher, den Rhythmus zu halten, wenn sie den Grundschlag des 4/4 Taktes mit den Fingern begleiten. Hierbei sollten sie mit dem Finger 1x auf den Tisch klopfen und 1x in die Handfläche.

Es klopft

Ein rhythmisches Fingerspiel

Es klopft! Es klopft!
Es klopft laut an mein Haus.

Es klopft! Es klopft!
Ich schau zum Fenster raus.

Es klopft noch mal. Wer kann das sein?
Es ist, es ist ein kleines Stachelschwein.

Rhythmus

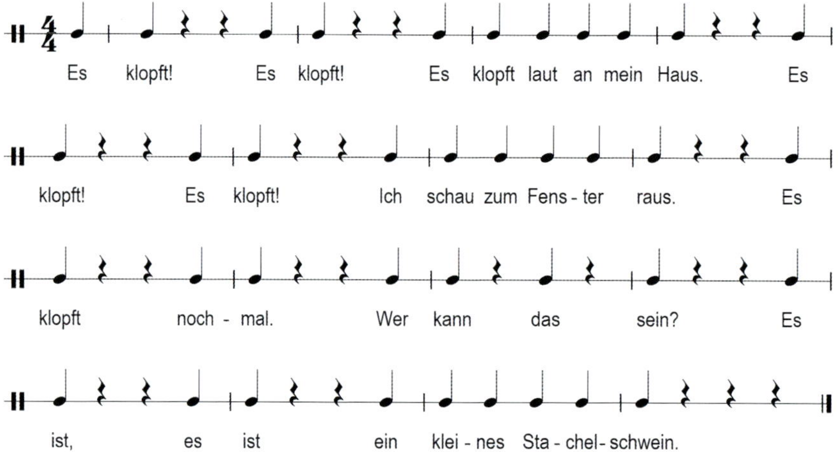

Klanggesten

Position

Es klopft!	Sprechen Sie zuerst, dann klopfen Sie zweimal mit den Fingerknöcheln auf die Tischplatte
Es klopft!	Wiederholung
Es **klopft laut**	zweimal klopfen zum **Text**
an mein	zweimal klatschen zum **Text**
Haus.	mit den Fingerspitzen ein Dach formen
Es klopft! Es klopft!	erst sprechen, dann klopfen, siehe oben
Ich **schau** zum	zweimal klopfen zum Text
Fenster	zweimal klopfen zum Text
raus.	Ellenbogen abknicken, sodass sich die Unterarme parallel zum Boden befinden, der rechte Arm befindet sich oberhalb der Augen, der linke Arm in Kinnhöhe, die Finger der rechten Hand zeigen nach links, die Finger der linken Hand nach rechts (Fensterrahmen)
Es klopft	erst sprechen, dann zweimal klopfen
noch mal.	erst sprechen, dann zweimal klopfen
Wer **kann das**	zweimal klatschen zum Text
sein?	fragende Hände zeigen
Es ist,	erst sprechen, dann zweimal klopfen
es ist	erst sprechen, dann zweimal klopfen
ein **kleines**	zweimal klatschen zum Text
Stachelschwein.	Finger kreuzen und aufgestellt gespreizt in die Luft halten

Einführung

Sprechen und klopfen Sie zunächst die ersten beiden Zeilen, die dann im Anschluss von den Kindern wiedergegeben wird. Während des zweiten Verses können die Kinder bereits sofort mitklopfen. Wiederholen Sie diese, damit die Kinder dieses Mal auch das Fenster an der entsprechenden Stelle darstellen können. Fügen Sie im Anschluss den dritten Vers hinzu. Auch hier können die Kinder bereits mitklopfen. Anschließend wiederholen Sie den ganzen Vers.

Weiterführung

Sprechen Sie den Vers als Call-&-Response-Spiel, wobei jede Gruppe sowohl die Rolle des Callers als auch die des Antwortenden innehat.

Teilen Sie hierfür die Klasse in drei Gruppen, die nacheinander die einzelnen Verse sprechen. Damit das Spiel klingt, ist es wichtig, dass der Text fließend gesprochen wird. Deshalb sollten Sie zunächst den Einsatz der einzelnen Gruppen dirigieren.

Gruppe 1	Gruppe 2	Gruppe 3
Es klopft! xx	Es klopft! xx	Es klopft laut an mein Haus.
Es klopft! xx	Es klopft! xx	Ich schau zum Fenster raus.
Es klopft xx	noch mal xx	Wer kann das sein?
Es ist, es ist ein kleines Stachelschwein.		

Wenn die Kinder textsicher sind, können Sie die Textpassagen auch durch die Gruppen durchrutschen lassen.

Gruppe 1	Gruppe 2	Gruppe 3
Es klopft! xx	Es klopft! xx	Es klopft laut an mein Haus.
	Es klopft! xx	Es klopft! xx
Ich schau zum Fenster raus.		Es klopft xx
noch mal xx	Wer kann das sein?	
Es ist, es ist ein kleines Stachelschwein.		

Das Klopfen (xx) kann natürlich auch mit Instrumenten vertont werden, zum Beispiel mit Klanghölzern oder Handtrommeln.

Alternativen

Vielleicht steht auch einmal ein anderer Besucher vor der Tür, beispielsweise

ein altes Burgfräulein
ein liebes Engelein
ein süßes Erdmännlein
ein kleines Vögelein oder
ein selt'nes Zwergwildschwein

Tipp

Dieser Vers eignet sich auch gut für den Moment, in dem die Klasse bei einer Stillarbeit unruhig wird. Statt die Kinder zu ermahnen, sprechen und klopfen Sie einfach den Vers. Wiederholen sie ihn zweimal und hängen Sie dann noch die folgenden beiden Zeilen an:

Wir lassen es herein, herein,
doch es muss leise sein, leise sein. Pssssst!

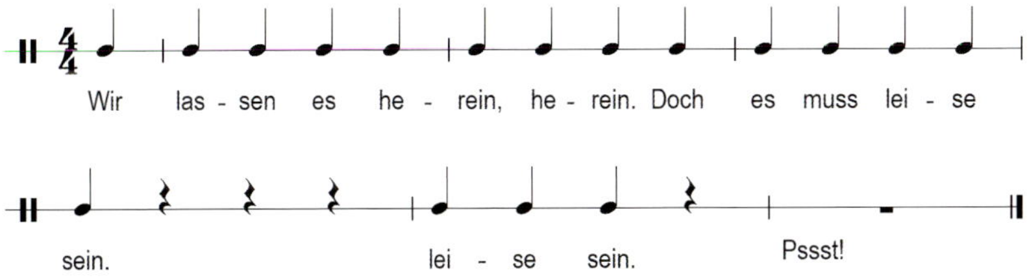

Wir klatschen

Ein Körperkoordinationsspiel

Wir klatschen auf das Bein,
und das klingt ehrlich fein.
Wir klatschen auf den Bauch,
und das klingt wirklich auch.
Wir klatschen auf den Po,
na, das klingt sowieso.
Wir klatschen in die Hand,
der Klang ist ja bekannt.
Wir klatschen in die Luft,
doch dieser Klang verpufft.

Rhythmus

Da der Sprachrhythmus in allen Zeilen gleich bleibt, haben wir hier auf eine vollständige Notation verzichtet.

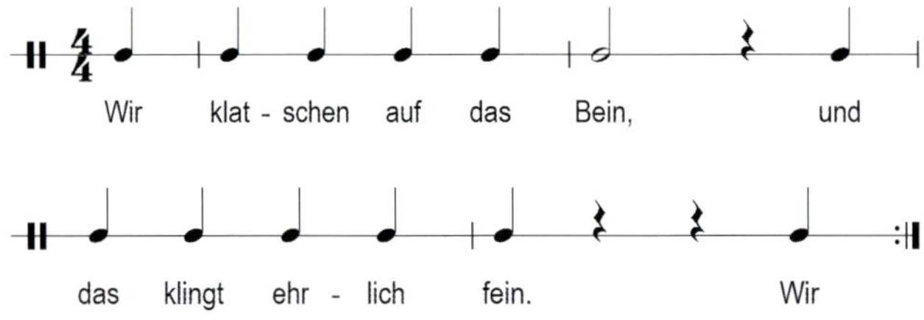

Klanggesten

Alle Kinder stehen. Die Füße sind leicht geöffnet. Die Hände sind in die Hüften gestützt.

Wir	–
klat-	rechte Hand patscht an linke Schulter
schen	linke Hand patscht an rechte Schulter
auf das **Bein**,	beide Hände patschen auf die Oberschenkel
und	Hände in die Hüften stützen
das klingt	in die Grätsche springen
ehrlich	in eine geschlossene Fußposition zurückspringen
fein.	in die Grätsche springen
Wir	–
klat-	rechte Hand patscht an linke Schulter
schen	linke Hand patscht an rechte Schulter
auf den **Bauch**,	beide Hände patschen auf den Po
und	Hände in die Hüften stützen
das klingt	in eine geschlossene Fußposition zurückspringen
wirklich	in die Grätsche springen
auch.	in eine geschlossene Fußposition zurückspringen
Wir **klatschen**	siehe oben
auf den **Po**,	beide Hände patschen auf den Po
na,	Hände in die Hüften stützen
das klingt sowieso.	einen Fuß über den anderen kreuzen und sich 1x um die eigene Achse drehen
Wir **klatschen**	siehe oben
in die **Hand**.	1x in die Hände klatschen
der **Klang**	rechte Hand patscht auf linkes Knie (anheben)
ist ja be**kannt**.	linke Hand patscht auf rechtes Knie (anheben)
Wir **klatschen**	siehe oben
in die **Luft**.	beide Handflächen zeigen in Brusthöhe nach vorne
doch **die**ser	linkes Bein im Knie nach hinten abknicken, rechte Hand patscht auf linken Fuß
Klang ver**pufft**.	rechtes Bein im Knie nach hinten abknicken, linke Hand patscht auf rechten Fuß

Einführung

Üben Sie die einzelnen Passagen zunächst getrennt voneinander. Einige sind schwieriger als andere. Beginnen Sie mit der Klatschsequenz und führen Sie die Klanggesten bereits zum Sprechen aus. Der Part der Kinder ist jeweils lila gesetzt.

Ich klatsche auf das Bein. Wir klatschen auf das Bein.
Ich klatsche auf den Bauch. Wir klatschen auf den Bauch.

Bitten Sie nun jeweils ein anderes Kind, ein Körperteil vorzugeben. Dafür tritt es einen Schritt vor und spricht und klatscht die Phrase vor.

Schließlich übernehmen Sie wieder die Rolle des Vorsprechers:

Ich klatsche auf das Bein und das klingt ehrlich fein.

Zeigen Sie den Kindern die Bewegung langsam und beobachten Sie, ob die Hände der Kinder korrekt mitgehen.
Fahren Sie auf die gleiche Weise mit den restlichen Versen fort.

Weiterführung als Call-&-Response-Spiel

Übernehmen Sie die Rolle des Vorsprechers und sprechen Sie jeweils die erste Zeile eines jeden Verses. Führen Sie dazu die Klanggesten aus. Die Kinder ergänzen die zweite Zeile mit der dazu gehörenden Bewegung. Werfen Sie dabei die Verse ruhig durcheinander. Das schult das Gedächtnis.

Ein kleiner Farbenkanon

Melodie nach dem traditionellen Volkslied:
„Der Hahn ist tot"

Die Sonne strahlt in hellem Gelb,

das Wasser fließt in klarem Blau.

Grün ist uns're Wiese mit saftigem Gras,

Schmetterlinge fliegen und haben viel Spaß,

la la la la la la la la la la la la.

Melodie

Musik: traditionell
Text: E. Gulden, B. Scheer

Bewegungsbegleitung

Alle Kinder sitzen auf ihrem Stuhl. Dieser ist ein wenig nach hinten geschoben, sodass sie gut aufstehen und um ihren Stuhl herumgehen können. Die Füße sind geschlossen.

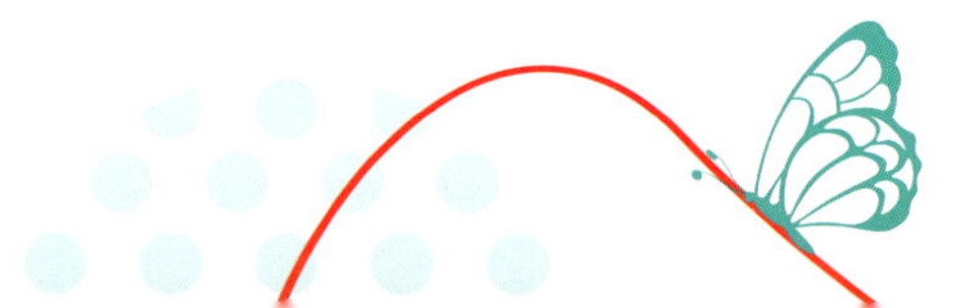"""

Die Sonne	Arme lang über den Kopf nach oben strecken, dabei aufstehen
strahlt in hellem	die Arme über die Seiten öffnen, dann
Gelb,	Oberarme an den Körper führen
das Wasser fließt in klarem Blau.	Arme lang nach vorne strecken und gegengleich leicht auf- und abwärts bewegen
Grün ist uns're Wiese mit saftigem Gras,	Arme zu den Seiten öffnen
Schmetterlinge fliegen und haben viel Spaß.	mit den Armen leichte Flugbewegungen ausführen, dabei um den eigenen Stuhl herumgehen, sich wieder hinsetzen und warten, bis das Lied von vorne beginnt
La la la la la la la la la la la la.	

Einführung

Führen Sie zunächst die Bewegungen in der Reihenfolge aus, wie sie im Lied vorkommen. Sprechen und singen Sie dabei erst einmal nicht.

Sonnenbewegung. Kinder: Sonnenbewegung.
Wasserbewegung. Kinder: Wasserbewegung.
Grasbewegung. Kinder: Grasbewegung.
Schmetterlingsflug und wieder Platz nehmen. Kinder:
Schmetterlingsflug und wieder Platz nehmen

Führen Sie nun den Bewegungsablauf zweimal gemeinsam mit den Kindern durch.

Beim dritten Mal singen Sie die Melodie auf la. Wiederholen Sie dies auf verschiedenen Silben, bspw. lu oder lo, ma, mu oder mo. Nun fügen Sie den Text im Add-on-Verfahren hinzu. Ergänzen Sie jeweils eine Zelle pro Durchgang.

Weiterführung

Das Lied lässt sich sehr einfach auf einem Xylophon metrisch begleiten. Nehmen Sie hierfür die beiden Töne g und d' oder g' und d'', die auf jeden ersten und dritten Schlag eines jeden Taktes gemeinsam angeschlagen werden.

Strickliesel

Ein rhythmisches Koordinationsspiel

Liesel, strick! Liesel, strick! Strick mit mir! Strick mit mir!

Mit rosaroter Wolle stricken wir, stricken wir!

Linke Masche, rechte Masche,

eine fällt auch in die Tasche.

Schnell und schneller, ganz geschwind,

so strickt ganz munter jedes Kind

'ne rosarote Himmelswolke,

wie jeder sie mal stricken sollte.

Rhythmus

Klanggesten

Jedes Kind hält einen Buntstift in jeder Hand.

Lie-	die Enden beider Buntstifte auf die Tischplatte klopfen
sel,	Wiederholung
strick!	beide Buntstifte aufeinander klopfen
Liesel, strick!	Wiederholung
Strick	den rechten Stift auf den linken klopfen
mit	den linken Stift auf den rechten klopfen, dabei die Hände ein Stück nach oben bewegen
mir!	den rechten Stift auf den linken klopfen, Hände weiter nach oben bewegen
Strick mit mir!	Wiederholung, die Stifte sollten sich jetzt in Kopfhöhe befinden
Mit rosaroter Wolle	Stifte umeinander rollen, dabei die Arme nach unten bewegen
stricken wir, stricken wir!	Stifte wieder im Wechsel gekreuzt übereinander klopfen (s. o. „strick mit mir")
Linke Masche,	linken Stift links hochhalten
rechte Masche,	rechten Stift rechts hochhalten
eine fällt auch	Hände nach vorne abknicken, sodass die Stifte nach unten zeigen
in die Tasche.	Arme nach unten bewegen (lang hängen lassen)
Schnell und schneller, ganz geschwind,	einen Stift im Metrum über den anderen reiben
so strickt ganz munter jedes Kind	Stifte wieder im Wechsel gekreuzt übereinander klopfen (s. o. „strick mit mir"), die Hände wandern wieder nach oben
'ne rosarote Himmelswolke,	mit den Armen über dem Kopf einen Kreis formen
wie jeder sie mal stricken sollte.	Stifte umeinanderrollen, dabei die Arme nach unten bewegen

Die Einführung

Führen Sie die Klanggesten bereits zum Sprechen aus und lassen Sie die Kinder Ihre Worte und Gesten wie folgt wiederholen. Der Part der Kinder ist jeweils violett gesetzt.

Liesel, strick! Liesel, strick! Liesel, strick! Liesel, strick!
Liesel, strick! Liesel, strick! Liesel, strick! Liesel, strick!

Liesel, strick! Liesel, strick! Strick mit mir! Strick mit mir!
Liesel, strick! Liesel, strick! Strick mit mir! Strick mit mir!
Strick mit mir! Strick mit mir! Strick mit mir! Strick mit mir!
Liesel, strick! Liesel, strick! Strick mit mir! Strick mit mir!
Liesel, strick! Liesel, strick! Strick mit mir! Strick mit mir!
Mit rosaroter Wolle stricken wir, stricken wir!
Linke Masche, rechte Masche, eine fällt auch in die Tasche.
Mit rosaroter Wolle stricken wir, stricken wir!
Linke Masche, rechte Masche, eine fällt auch in die Tasche.

Schnell und schneller, ganz geschwind, so strickt ganz munter jedes Kind
Schnell und schneller, ganz geschwind, so strickt ganz munter jedes Kind
Schnell und schneller, ganz geschwind, so strickt ganz munter jedes Kind
Schnell und schneller, ganz geschwind, so strickt ganz munter jedes Kind

'ne rosarote Himmelswolke, wie jeder sie mal stricken sollte.
'ne rosarote Himmelswolke, wie jeder sie mal stricken sollte.

Weiterführung

Der Vers eignet sich auch als Sprechspiel im Duett. Teilen Sie die Klasse dafür in zwei Gruppen. Für die ersten Male sollten Sie hierzu einfach den Klassenraum in der Mitte teilen. Diese Aufteilung lässt sich für Sie auch leichter dirigieren. Später, wenn die Kinder mit dem Vers vertraut sind, sollten Sie jedoch auch einmal versuchen, Mädchen gegen Jungen sprechen zu lassen, auch wenn sie nicht als Gruppe zusammensitzen.

	Gruppe 1		Gruppe 2
laut:	Liesel, strick!	leise:	Liesel, strick!
	Strick mlt mir!		Strick mit mir!
	Mit rosaroter Wolle stricken wir,	laut:	stricken wir!
	Linke Masche,		rechte Masche,
	eine fällt auch in die Tasche.		
laut:	Schnell und	laut:	schneller,
	ganz geschwind, so strickt ganz munter		jedes Kind
	'ne rosarote Himmelswolke,	leise:	Himmelswolke,
	wie jeder sie mal stricken sollte.		stricken sollte
leise und leiser werden:	stricken sollte, stricken sollte, stricken sollte.		

Tinga Tunga

Ein Konzentrationskoordinationsspiel

Tunga, tinga, tunga,
tinga, tunga, ting.
Tinga, tunga, tinga,
tunga, tinga, tung.

Rhythmus

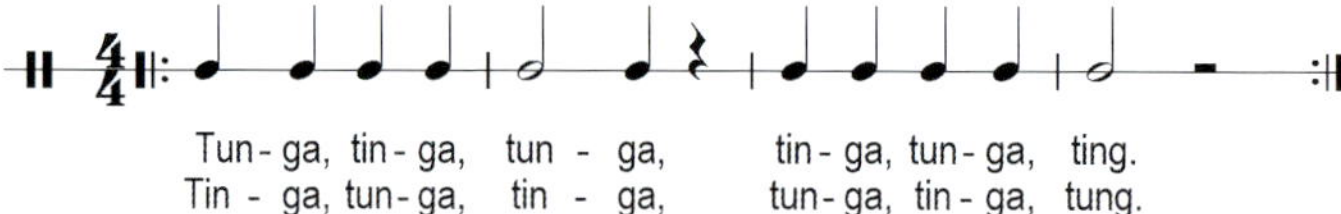

Klanggesten

Die Kinder sitzen auf ihrem Platz am Tisch. Dabei werden folgende Klanggesten für die Silben festgelegt:

Tun-	beide Handaußenkanten senkrecht auf den Tisch stellen
ga,	in die Hände klatschen
tin-	beide Handinnenflächen patschen auf den Tisch
ga	beide Handaußenrücken patschen auf den Tisch

Einführung

Üben Sie zunächst die einzelnen Silbenbewegungen in einem Echospiel. Sprechen Sie dazu die Fantasiewörter zunächst langsam, bevor Sie in ein normales Sprechtempo wechseln, und führen Sie die Klanggesten gleich mit aus. So können die Kinder die entsprechenden Klanggesten mitmachen. Der Part der Kinder ist jeweils orange gesetzt.

Tunga, tunga, tunga, tung.

Tunga, tunga, tunga, ting.

Tunga, tunga, tunga, ting.

Tinga, tinga, tinga, ting.

Tunga, tinga.

Tunga, tinga.

Tunga, tinga, tunga.

Tunga, tinga, tunga, tinga, tunga, ting.

Tinga, tunga, tinga, tunga, tinga, ting.

Werden Sie nun schneller und sprechen Sie gemeinsam statt nacheinander.

Weiterführung 1

Der Vers eignet sich auch gut für ein Klatschspiel zu zweit. Dafür drehen immer zwei Kinder ihre Stühle zueinander, sodass sie einander gegenübersitzen.

Tun-	beide Handaußenkanten senkrecht auf die eigenen Oberschenkel stellen
ga,	rechte Handinnenfläche von Kind 1 patscht gegen die linke Handinnenfläche von Kind 2, während gleichzeitig auch die beiden anderen Handinnenflächen gegeneinander patschen, die Handaußenkanten zeigen dabei zum Boden
tin-	beide Handinnenflächen patschen auf die eigenen Oberschenkel
ga	beide Handaußenrücken patschen auf die eigenen Oberschenkel

Weiterführung 2

Wer es noch ein wenig schwieriger mag, nimmt noch einen Fuß hinzu und stampft zusätzlich bei jedem -ga des Wortes „Tunga" einmal auf.

Eins, zwei, drei und vier

Ein Koordinationskonzentrationsspiel

Eins, zwei, drei und vier –
alle Hände patschen hier.
Fünf, sechs, sieben, acht,
das hat allen Spaß gemacht.

Rhythmus

Klanggesten

Die linke Handinnenfläche liegt auf dem Tisch. Die rechte Hand bildet eine Faust und liegt daneben.

Eins,	linke Handfläche und die Fingerknöchel der rechten Hand patschen auf den Tisch
zwei,	rechte Handfläche und die Fingerknöchel der linken Hand patschen auf den Tisch
drei und vier – alle Hände patschen hier.	die Hände führen den Wechsel fort und patschen rhythmisch
Fünf, sechs, sieben, acht, das hat allen Spaß gemacht.	beide Zeigefinger legen sich an die Tischkante, alle anderen Finger sind eingeklappt, der linke Zeigefinger klopft durchgehend das Metrum der Viertelnoten, während der rechte Zeigefinger das doppelte Tempo vorgibt

Einführung

Führen Sie die Klanggesten bereits zum Sprechen aus und lassen Sie die Kinder Ihre Worte und Gesten wie folgt wiederholen. Der Part der Kinder ist jeweils violett gesetzt.

Eins,	Eins,
zwei,	zwei,
Eins, zwei	Eins, zwei
Eins, zwei	Eins, zwei
Eins, zwei, drei und vier –	Eins, zwei, drei und vier –
Eins, zwei, drei und vier –	Eins, zwei, drei und vier –
Eins, zwei, drei und vier –	Eins, zwei, drei und vier –
Eins, zwei, drei und vier –	alle Hände patschen hier.
Eins, zwei, drei und vier –	alle Hände patschen hier.

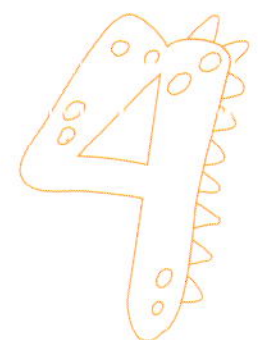

Fügen Sie nun die letzten beiden Zeilen sprachlich hinzu. Allerdings klopft nur der Zeigefinger der linken Hand die Worte im Metrum. Heben Sie den Zeigefinger nach jedem Klopfen immer wieder deutlich an.

Fünf, sechs, sieben, acht,	das hat allen Spaß gemacht.
Fünf, sechs, sieben, acht,	das hat allen Spaß gemacht.

Wiederholen Sie die Zeilen noch zweimal und sprechen Sie den Vers nun durchgehend. Das nächste Mal beginnen Sie den Vers wieder im Echospiel. Beginnen Sie in einem gemäßigten Tempo, das Sie später mit jeder Wiederholung langsam steigern. Sprechen Sie den Vers zweimal. Beim dritten Mal heben Sie den linken Zeigefinger an, aber halten Sie ihn in dieser Position. Klopfen Sie nun den rechten Zeigefinger im doppelten Tempo zu den Worten. Wiederholen Sie noch einmal diese letzten beiden Zeilen.

Nun nehmen Sie den linken Zeigefinger hinzu. Wie zuvor klopft er die Viertelnoten. Wählen Sie an dieser Stelle noch einmal ein sehr langsames Tempo, sodass die Kinder wirklich mit beiden Fingern korrekt mitklopfen können.

Wir wollen unsern Körper wecken

Ein Echospiel

Lehrer: Wir wollen unsern Körper wecken,

Schüler: Wir wollen unsern Körper wecken,

Lehrer: Arme, Beine soll'n sich strecken.

Schüler: Arme, Beine soll'n sich strecken.

Lehrer: Alles wollen wir begrüßen,

Schüler: Alles wollen wir begrüßen,

Lehrer: von dem Kopf bis zu den Füßen.

Schüler: von dem Kopf bis zu den Füßen.

Lehrer: Schultern, Bauch und auch die Knie,

Schüler: Schultern, Bauch und auch die Knie,

Lehrer: begrüßen wir mit Energie.

Schüler: begrüßen wir mit Energie.

Lehrer: Ellenbogen, Hüfte, Bein,

Schüler: Ellenbogen, Hüfte, Bein,

Lehrer: auch das Ohr ist nicht allein.

Schüler: auch das Ohr ist nicht allein.

Lehrer: Jetzt fehlt nur noch der Hals, der Po,

Schüler: Jetzt fehlt nur noch der Hals, der Po,

Lehrer: dann ruft es laut: „Hallihallo!"

Schüler: dann ruft es laut: „Hallihallo!"

Rhythmus

Der Sprachrhythmus entspricht dem Metrum und bleibt in fast allen Zeilen gleich. Lediglich die erste Silbe des Wortes „begrüßen" in Zeile 6 rutscht als Auftakt ans Ende der vorigen Zeile. Ebenso verhält es sich mit den Worten „auch" in Zeile 8 und „Jetzt" in Zeile 9. Da dies jedoch keine Auswirkung auf die gestische Begleitung hat, haben wir auf die vollständige Notierung verzichtet.

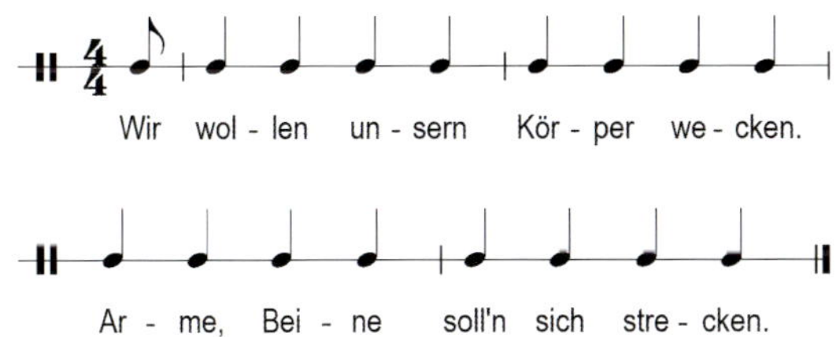

Klanggesten

Die Kinder stehen mit leicht geöffneten Füßen. Die Hände sind in die Hüften gestützt.

Wir wollen uns'ren Körper wecken,	den Rumpf kreisen lassen
Arme,	Arme lang nach oben strecken, dehnen
Beine soll'n sich strecken.	parallel dazu, die Beine nacheinander in die Luft nach vorne strecken
Alles wollen wir begrüßen,	Arme in einem Halbkreis über die Seiten nach unten führen
von dem Kopf	Hände auf den Kopf legen
bis zu den Füßen.	mit den Händen die Füße berühren
Schultern,	Hände über Kreuz an die Schultern tippen
Bauch	Hände nebeneinander auf den Bauch tippen
und auch die Knie,	Hände über Kreuz auf die Knie tippen
be**grüß**en **wir** mit **En**er**gie**.	Arme im Wechsel lang nach oben in die Luft recken
Ellenbogen,	mit den Händen die Ellenbogen berühren
Hüfte,	Hände parallel seitlich an die Hüfte tippen
Bein,	Hände gekreuzt auf die Oberschenkel tippen
auch das Ohr ist nicht allein.	mit Daumen und Zeigefinger den Rand des Ohrs von oben nach unten entlangfahren
Jetzt fehlen nur noch Hals	mit den Händen den Hals hinunterstreichen
und Po, dann	mit beiden Händen auf den Po patschen
ruft es laut: „Hallihallo!"	mit beiden Händen winken

Einführung

Die motorische Umsetzung des Verses sollte für Schulkinder kein Problem darstellen. Daher braucht es keine spezielle Einführung. Sie können den Vers sofort genauso umsetzen wie es die Beschreibung vorschlägt. Ganz einfach ist die Umsetzung dennoch nicht, denn in der Regel verspüren die Kinder spätestens nach zwei bis drei Zeilen die Tendenz, die Bewegungen des Vorsprechers bereits mitzumachen, obwohl die eigenen Bewegungen nur zu den eigenen Worten auszuführen sind. Geduld ist an dieser Stelle gefragt, um zunächst zuzuhören und zuzuschauen und erst anschließend selbst aktiv zu werden, sowohl sprachlich als auch motorisch. Auch der Vorsprecher sollte um eine passive Rolle bemüht sein, wenn das Echo der Kinder erklingt.

Hoch und runter

Melodie nach dem traditionellen Volkslied:
„Froh zu sein bedarf es wenig"

Hoch und runter,

einmal drehen,

tippen, klatschen,

stampfen, stehen.

Melodie

Musik: traditionell
Text: E. Gulden, B. Scheer

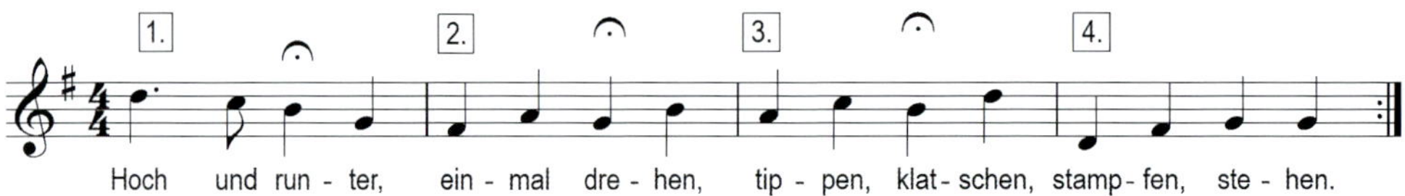

Bewegungsbegleitung

Alle Kinder stehen. Die Füße sind geschlossen. Die Hände sind in die Hüften gestützt.

Hoch	Arme lang über den Kopf nach oben strecken
und runter,	in die Hocke gehen
einmal drehen	wieder aufstehen, sich einmal um die eigene Achse drehen
tippen,	Zeigefingerkuppen zweimal aneinander tippen
klatschen,	zweimal in die Hände klatschen
stampfen,	mit dem linken Fuß stampfen, mit dem rechten Fuß stampfen
stehen.	stehen, Hände in die Hüften stützen

Einführung

Singen Sie das Lied zunächst wie folgt vor. Führen Sie die Bewegungen dabei bereits aus und lassen Sie die Kinder Ihre Worte und Gesten wie folgt wiederholen. Der Part der Kinder ist jeweils rosa gesetzt.

Hoch und runter, einmal drehen,   Hoch und runter, einmal drehen,
Hoch und runter, einmal drehen,   Hoch und runter, einmal drehen,
tippen, klatschen, stampfen, stehen.   tippen, klatschen, stampfen, stehen.

Hoch und runter, einmal drehen,   Hoch und runter, einmal drehen,
tippen, klatschen, stampfen, stehen.   tippen, klatschen, stampfen, stehen.

Singen Sie nun das Lied 2–3 Mal hintereinander. Dann beginnen Sie den Kanon.

Alternativen

Das Lied lässt sich sehr einfach auf einem Xylophon metrisch begleiten. Dafür benötigen Sie die beiden Töne g und d' oder g' und d''. Das g ertönt auf jeden ersten Schlag eines jeden Taktes, das d' auf jeden dritten eines Taktes.

Keller – Propeller

Ein Energieaufbauspiel

Links nach oben, rechts nach oben,
alle Hände wollen toben.
Schneller, schneller, immer schneller,
runter geht's jetzt in den Keller.
Schneller, schneller, immer schneller
dreht sich plötzlich der Propeller.
Links nach oben, rechts nach oben,
alles will auf einmal toben.
Keller – Propeller, Keller – Propeller.
Keller – Propeller, Keller – Propeller.
Und auch das geht noch mal schneller.
Keller – Propeller, Keller – Propeller.
Keller – Propeller, Keller – Propeller.

Rhythmus

Da der erste Teil des Verses keine rhythmischen Besonderheiten aufweist und der Sprachrhythmus dem Metrum entspricht, haben wir auf eine vollständige Notierung verzichtet.

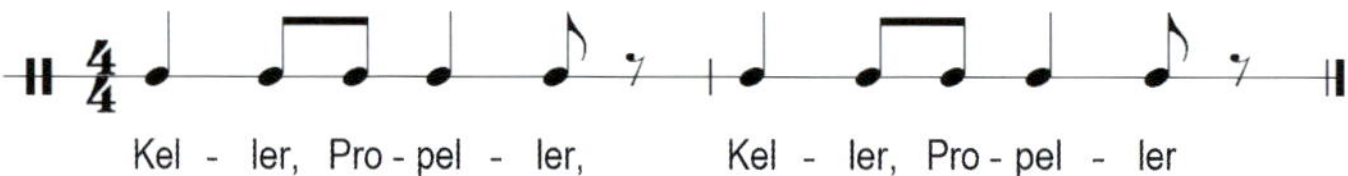

Bewegungen

Die Kinder stehen im Kreis. Die Füße sind geschlossen.

Links nach oben,	linken Arm lang nach oben strecken
rechts nach oben,	rechten Arm lang nach oben strecken
alle Hände wollen toben.	die Hände über dem Kopf kräftig schütteln,
Schneller, schneller, immer schneller,	dabei schneller werden
runter geht's jetzt in den Keller.	schnell in die Hocke gehen, die Hände dürfen sich auf den Boden legen
Schneller, schneller, immer schneller	mit dem Po wippen, dabei schneller werden
dreht sich plötzlich der Propeller.	aufstehen, dabei die Unterarme schnell umeinanderrollen
Links nach oben, rechts nach oben,	s. o.
alles will auf einmal toben.	den ganzen Körper am Platz ausschütteln
Kel-	linkes Bein nach vorne anheben, rechte Hand patscht an das linke Knie
ler –	Bein wieder abstellen
Pro-	linkes Bein nach vorne anheben
pel-	rechte Hand patscht an das linke Fußgelenk
ler,	Bein wieder abstellen
Keller – Propeller.	Wiederholung mit rechtem Bein und linker Hand
Kel-	linkes Bein nach vorne anheben, rechte Hand patscht an das linke Knie
ler –	Bein wieder abstellen
Pro-	linkes Bein nach **hinten** anheben
pel-	rechte Hand patscht an die linke Fußsohle
ler,	Bein wieder abstellen
Keller – Propeller.	Wiederholung mit rechtem Bein und linker Hand
Kommt, das geht auch noch mal schneller.	-
Keller – Propeller, Keller – Propeller.	Wiederholung der Bewegungsabfolge, s. o.
Keller – Propeller, Keller – Propeller.	

Einführung

Das Spiel besteht aus zwei Teilen. Am Anfang steht die Aktivierung des Herz-Kreislauf-Systems im Vordergrund. Diese Bewegungen werden von den Kindern in der Regel sofort imitiert. Beginnen Sie zunächst mit der ersten Passage in einem langsamen Tempo und steigern Sie dieses bei jedem Durchgang. Wiederholen Sie den Teil einige Male, bis die Kinder den Text sicher mitsprechen können.

Anschließend geht die Bewegungsumsetzung zur Konzentrationsförderung in ein Koordinationsklatschspiel über. Führen Sie dieses als Echospiel ein, und führen Sie die dazugehörigen Klanggesten bereits zum Sprechen aus. Der Part der Kinder ist jeweils grün gesetzt.

Lehrer: Keller –
Schüler: Keller –

Wiederholen Sie Wort und Bewegung, bis alle Kinder sicher sind.

Lehrer: Propeller,
Schüler: Propeller,

Wiederholen Sie Wort und Bewegung, bis alle Kinder sicher sind, und setzen Sie nun beide Wörter hintereinander.

Lehrer: Keller – Propeller,
Schüler: Keller – Propeller.

Wiederholen Sie die Bewegung dreimal. Danach stoppen Sie die Kinder und bitten sie, noch einmal Ihr Echo zu sein. Beginnen Sie wieder mit „Keller", obwohl sich hier nichts ändert, und führen Sie nun die ein wenig geänderte Bewegung zu „Propeller" ein.

Wiederholen Sie zunächst einige Male „Propeller", bevor Sie den „Keller" hier davor setzen. Schließlich setzen Sie alles zusammen:

Lehrer: Keller – Propeller, Keller – Propeller.
Schüler: Keller – Propeller, Keller – Propeller.

Nun setzen sie den ersten Teil und den zweiten Teil des Verses zusammen.

Wenn Sie den Vers das nächste Mal spielen, beginnen Sie mit dem zweiten Teil. Auch hierfür eignet sich zunächst die Form des Echospiels. So haben die Kinder die Chance, sich den anspruchsvolleren Part noch einmal ins Gedächtnis zu rufen, ehe Sie anschließend wieder beide Versteile zusammenfügen.

Wörtermeer

Ein assoziatives Call-&-Response-Spiel

Ziel des Spiels ist es, den Wortschatz der Kinder zu erweitern sowie einen schnellen Zugriff auf die Sprachzentren im Gehirn zu trainieren.

Spielbeschreibung

Geben Sie den Kindern ein Substantiv vor, das sich mit einem zweiten Substantiv zu einem neuen Wort verbinden lässt, bspw. „Regen". Schnipsen Sie hierzu zur ersten Silbe mit den Fingern der linken Hand in die Luft, zur zweiten Silbe mit den Fingern der rechten Hand.

Ein Kind benennt nun ein zweites Substantiv, das sich sinnvoll anhängen lässt, bspw. „Schirm". Die Silbe dieses Wortes begleitet das Kind dann ebenfalls mit einer Klanggeste, bspw. dem Aneinandertippen beider Zeigefingerkuppen. Bei zweisilbigen Wörtern wird die Klanggeste wiederholt.

Nun wiederholt die gesamte Klasse das Wort (mit Klanggesten).

Setzen Sie das Spiel fort, bis niemandem mehr ein weiteres zu ergänzendes Substantiv einfällt. Dann wiederholen Sie alle entstandenen Begriffe noch einmal in der genannten Reihenfolge. Falls die Kinder schon lesen können, kann man auch zunächst alle Begriffe an der Tafel notieren, bevor sie gemeinsam gerufen werden. In diesem Fall kann die Klasse auch in zwei Gruppen eingeteilt werden, wobei eine Gruppe die Rolle des Callers und die andere Gruppe die Rolle des Responsers übernimmt. Der Spaß des Spiels steigert sich, wie bei allen Call-&-Response-Spielen, durch einen Tempoanstieg.

Geeignete Substantive für die 1. und 2. Klasse sind u. a.:

Regen-	Apfel-	Blumen-	Sonnen-	Vogel-
-wolke	-baum	-wiese	-hut	-haus
-schirm	-kuchen	-vase	-brand	-nest
-jacke	-kern	-duft	-crème	-futter
-wetter	-mus	-schmuck	-bad	-bad
-pfütze	-schnitz	-kranz	-schirm	-feder
-bogen	-saft	-fee	-blume	-ei
-fass	-sorte	-beet	-öl	-art
-rinne	-tasche	-kind	-uhr	-gezwitscher
-guss	-strudel	-meer	-kind	
-tag	-schnitte	-topf	-licht	
-wurm	-blüte	-blatt	-könig	

Der Bären-Rhythmus

Ein kleines Bewegungsspiel

Ob Eisbär, Graubär, Grizzleybär,
ein jeder Bär tanzt hin und her.
Rechts zurück und zweimal vor,
der Bären-Rhythmus geht ins Ohr.

Ob Seebär, Waschbär, Teddybär,
ein jeder Bär tanzt hin und her.
Links zurück und zweimal vor,
der Bären-Rhythmus geht ins Ohr.

Ob Braunbär, Stoffbär, Gummibär,
ein jeder Bär tanzt hin und her.
Rechts zurück und zweimal vor,
der Bären-Rhythmus geht ins Ohr.

Rhythmus

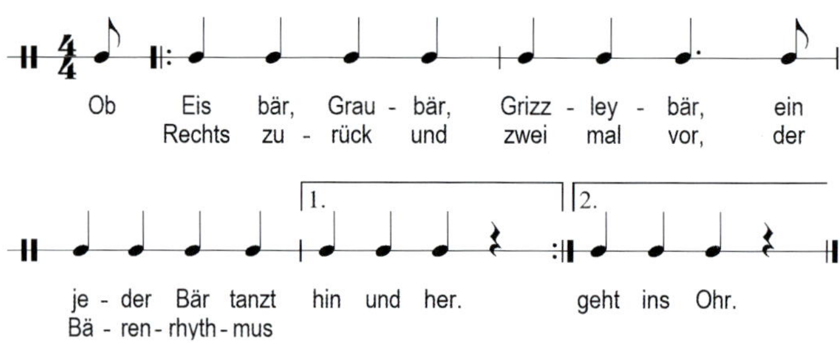

106

Bewegungen

Alle Kinder stehen im Raum.	
Ob	-
Eisbär,	Schritt nach rechts, linker Fuß tippt daneben auf (Seitnachstellschritt)
Graubär,	Schritt nach links, rechter Fuß tippt daneben auf (Seitnachstellschritt)
Grizzly-	Schritt nach rechts, linker Fuß setzt daneben auf (Seitanstellschritt)
bär, ein	Schritt nach rechts, linker Fuß tippt daneben auf
jeder	Schritt nach links, rechter Fuß tippt daneben auf
Bär tanzt	Schritt nach rechts, linker Fuß tippt daneben auf
hin und	Schritt nach links, rechter Fuß setzt daneben auf
her.	Schritt nach links, rechter Fuß tippt daneben auf
Rechts zu-	rechter Fuß tippt noch einmal neben linkem Fuß auf
rück und	rechter Fuß tippt nach hinten
zweimal	rechter Fuß geht einen Schritt vor
vor, der	linker Fuß geht einen Schritt vor
Bären-	rechter Fuß geht einen Schritt zurück
rhythmus	linker Fuß geht einen Schritt zurück
geht ins	rechter Fuß setzt neben dem linken Fuß auf
Ohr.	Hände an die Ohren legen

Einführung

Zur Einführung des Verses mit seinen Bewegungen stehen die Kinder am besten in einer Reihe. Nicht immer ist dafür der Klassenraum groß genug. Unter Umständen ist daher ein Musikraum, die Turnhalle oder auch der Pausenhof die bessere Wahl.

Stellen Sie sich den Kindern gegenüber. Die Hände sind in die Hüften gestützt. Denken Sie an dieser Stelle daran, dass Sie die Richtung der Kinder spiegeln: Wenn die Kinder nach rechts gehen, gehen Sie nach links. Die Beschreibung gibt immer die Richtung der Kinder an.

Nutzen Sie zur Einführung der Seitnach- und Seitanstellschritte die folgenden Worte:

Hin	rechter Fuß geht einen Schritt nach rechts
und	linker Fuß tippt daneben auf (keine Gewichtsverlagerung)
her	linker Fuß geht einen Schritt nach links
und	rechter Fuß tippt daneben auf (keine Gewichtsverlagerung)
seit-	rechter Fuß geht einen Schritt nach rechts
wärts	linker Fuß setzt daneben auf (Gewichtsverlagerung)
gehn	rechter Fuß geht einen Schritt nach rechts (Gewichtsverlagerung)
-,	linker Fuß tippt daneben auf (keine Gewichtsverlagerung)
hin und her und seitwärts gehen.	Wiederholung der Schrittfolge nach links

Beginnen Sie in einem langsamen Tempo. Wechseln Sie bei der vierten Wiederholung den Text und steigern Sie langsam das Tempo.

Nach rechts,
nach links
und zweimal nach rechts.
Nach links,
nach rechts
und zweimal nach links.

Den zweiten Textteil können Sie sofort mit Bewegung umsetzen. Allerdings sollten Sie hier bei den ersten Malen die Geschwindigkeit zunächst wieder reduzieren.

Das nächste Mal setzen Sie das Spiel im Kreis um.

Weiterführung

Wenn die Kinder sowohl die Bewegungsrichtungen als auch die Zeitpunkte, wann das
Gewicht auf den jeweils anderen Fuß verlagert wird und wann nicht, verinnerlicht haben,
können Sie am Ende eines jeden Seitwärtsschrittes (also zum Tip oder zum Aufsetzen des
Fußes) in Hüfthöhe einmal in die Hände klatschen.

Tipp

Besprechen Sie mit den Kindern, welche der genannten Bären wahre Tierbären sind und wer
sich hier in die Bärenreihe hineingeschmuggelt hat. Den Teddy-, den Stoff- und den Gummibär werden die Kinder sicherlich erraten, doch bestimmt wissen sie nicht, dass der Graubär
in Wahrheit ein Schmetterling ist.

Bildnachweise

Coverfoto Nicole Laka, 8–13 GettyImages/schiva, FrankRamspott, 14–19 GettyImages/Yulia Sutyagina, 20–23 GettyImages/YummySuperStar, 24–26 GettyImages/Hibrida13, 28-29 GettyImages/Aluna1, 31 GettyImages/Azuzl, 32 GettyImages/Magnilion, 35 GettyImages/Dencake, 36 GettyImages/LEOcrafts, 38-39 GettyImages/FrankRamspott, 40–43 GettyImages/Pimpay, 44-45 GettyImages/clairevis, 46-49 GettyImages/mustafahacalaki, 51 GettyImages/chipstudio, 54-57 GettyImages/pijama61, 58-63 GettyImages/ulimi, frimages, bubaone 64–67 GettyImages/YummySuperStar, frimages, 68–71 GettyImages/SongSpeckels, 72 GettyImages/FrankRamspott, 76–79 GettyImages/Asya_mix, 80–83 GettyImages/katflare, 84-85 GettyImages/ONYXprj, 86–89 GettyImages/Valeriia Soloveva, 92-93 GettyImages/Svetlana Kharchuk , 94-97 GettyImages/Hibrida13, 99 GettyImages/paci77, 100–103 GettyImages/denkcreative, 104-105 GettyImages/Lia Arand, 106-107 GettyImages/Magnilion, 109 GettyImages/ Magnilion, Mirifada, nimatedfunk, Val_Iva, rana raheel abbas, Medesulda, KeithBishop, schwammkop